Allitera Verlag

Daniela Weidenthaler

Duetto concertante

Herbert und Marianne Baumann – ein Komponistenleben

Allitera Verlag

Weitere Informationen über den Verlag und sein Programm unter:
www.allitera.de

Mai 2013
Allitera Verlag
Ein Verlag der Buch&media GmbH, München

Herstellung: Kay Fretwurst, Freienbrink
Printed in Europe · ISBN 978-3-86906-502-1

Inhalt

Franzpeter Messmer

Zum Geleit

Die Musik des Komponisten Herbert Baumann ist von großer Vielfalt geprägt, kann ebenso von lyrischen Melodien bestimmt sein wie von harten und aufrüttelnden Klängen. Doch stets versteht sie es, den Hörer zu fesseln, ihm eine Geschichte zu erzählen, ihn in ein Drama oder in eine Komödie zu versetzen. Herbert Baumann ist ein Meister musikalischer Dramaturgie.

Der großen Öffentlichkeit ist er vor allem als Bühnenmusiker bekannt. Während einer Karriere, die vom Deutschen Theater und vom Schiller- und Schloßparktheater in Berlin zum Münchner Residenztheater führte, konnte Herbert Baumann seine große Begabung für musikalische Dramaturgie entfalten. Er wurde dabei zum kongenialen Partner renommierter Regisseure wie Erwin Piscator, Boleslaw Barlog, Ingmar Bergman oder Walter Felsenstein. Als Student habe ich Herbert Baumanns Musik zu einer *Faust-II*-Inszenierung erlebt. Sie hatte, daran erinnere ich mich noch sehr intensiv, eine ganz eigene und sehr profilierte Stellung und so einen wichtigen Anteil an der Dramaturgie.

Man spürt der Theatermusik von Herbert Baumann nämlich an, dass sie von einem Komponisten stammt, in dessen Schaffen autonome Musik im Zentrum steht. Herbert Baumann schuf ein umfangreiches und gewichtiges Werk: Über 500 Bühnenmusiken, Musik für Film und Fernsehen auf der einen Seite, auf der anderen Seite 130 Werke für Orchester, Chor, Kammermusik und Lied. Er hat die Literatur für Gitarre und andere Zupfinstrumente enorm bereichert. Er ist einer der fruchtbarsten Komponisten des 20. und beginnenden 21. Jahrhunderts.

Baumanns Musik versteht es, jeden Hörer, sowohl Musikkenner als auch den zufälligen Zuhörer im Radio oder Konzert, zu fesseln. Er komponierte auch Werke, die junge Hörer begeistern: seine beiden Ballette *Alice im Wunderland* und *Rumpelstilzchen* faszinieren Kinder und Jugendliche, und selbstverständlich auch jung gebliebene Alte. *Rumpelstilzchen* hat an vielen verschiedenen Theatern in Deutschland über 250 Aufführungen erlebt.

Herbert Baumann ist einer derjenigen Künstler, die sich immer auch für andere eingesetzt haben. So hat er im Münchner Tonkünstlerverband jahrelang das Studio für Neue Musik geprägt und so rief er 1998 die Herbert-Baumann-Stiftung ins Leben, die Wettbewerbe, Konzerte und Festivals unterstützt.

Mit seinem Leben und Werk befasst sich die 1994 in der Buchreihe »Komponisten in Bayern« erschienene Monografie über Herbert Baumann. Das neue Buch »Duetto concertante. Marianne und Herbert Baumann – ein Komponistenleben« beantwortet ganz andere Fragen: Wie verlief das Leben eines derartig kreativen Menschen? Wie war so viel Schaffenskraft überhaupt möglich? Wer stand an seiner Seite? War der Meister der musikalischen Dramaturgie auch Meister seiner eigenen Lebensdramaturgie?

Schon der Titel macht klar, dass im Fall von Herbert Baumann diese Lebensleistung nur möglich ist, da seine Gattin Marianne Baumann zusammen mit ihm dieses Leben gestaltete. Der gemeinsame Weg, das »Duetto concertante« ist deshalb das zentrale Thema dieses Buches, eine Künstlerehe, aus der nicht nur viel Musik und Kunst, sondern auch mit den Kindern und Enkelkindern eine Familie hervorging, die von außergewöhnlichem Zusammenhalt geprägt ist.

Musik – zumindest bis zu Beginn des 20. Jahrhunderts – endet fast immer in Konsonanz, oder anders gesagt, sie »verarbeitet« alle Dissonanzen, Themen und Gegenthemen so, dass am Schluss Harmonie erreicht wird. Marianne und Herbert Baumann haben ihr Leben wie Musik gestaltet. Bei aller Dramatik, trotz aller Schwierigkeiten und Widrigkeiten haben sie eine Lebensklugheit und -weisheit, die nicht nur große Musik, sondern auch ein glückliches Leben gelingen lässt.

Franzpeter Messmer ist Erster Vorsitzender des Tonkünstlerverbands Bayern e.V.

Daniela Weidenthaler

Vorwort

Den deutschen, in München lebenden Komponisten Herbert Baumann lernte ich im Februar 2010 kennen. Zu dieser Zeit absolvierte ich das Aufbaustudium »Multimedia Musikjournalismus« an der Hochschule für Musik und Theater München, als Ergänzung zu meinem 2008 mit dem Ersten Staatsexamen abgeschlossenen Studium »Musik für Lehramt an Gymnasien«. Zum Abschluss des Aufbaustudiums hatte ich die Aufgabe, einen kurzen Dokumentarfilm zu drehen, der eine für die zeitgenössische Musikgeschichte relevante Persönlichkeit darstellen und gleichzeitig Zeitgeschichte spiegeln sollte.

Befreundete Musikerkollegen hatten mich auf den 1925 geborenen Komponisten Herbert Baumann verwiesen, von dem sie sagten, er habe nicht nur einen außergewöhnlich interessanten Lebenslauf, sondern auch die Fähigkeit, gerne und besonders anschaulich davon zu berichten. Herbert Baumann zeigte mit der ihm eigenen Offenheit sofort Interesse an meinem Filmprojekt, und so begannen im Frühjahr 2010 nach einigen Interviewterminen die Dreharbeiten zu meinem kurzen Dokumentarfilm »Herbert Baumann – Die Nachkriegszeit aus Sicht eines Komponisten«. Über einen Link auf der Webseite von Herbert Baumann (www.komponisten.net) kann dieser Film aufgerufen und angesehen werden.

Die Bekanntschaft mit Herbert Baumann und seiner Ehefrau Marianne (sie könnten meine Großeltern sein) endete nicht mit der Fertigstellung des Films, ganz im Gegenteil: Wir wurden Freunde und ich war mehr und mehr fasziniert von der Idee, eine umfassendere Biografie über Leben und Werk Herbert Baumanns zu schreiben: Eine individuelle Lebensgeschichte, die ich nun in Buchform vorlege.

Was fasziniert so sehr an einer Lebensgeschichte wie dieser? Zu allererst ist da eine ungewöhnliche Künstlerpersönlichkeit zu bestaunen: Herbert Baumann, der Komponist, hat ein umfangreiches Œuvre geschaffen (ich verweise auf das Werkregister auf Seite 122ff.). Zum Anderen: Herbert Baumann strahlt noch in seinem hohen Alter eine so heitere Freundlichkeit und Gelassenheit aus und ist so rege am aktuellen Weltgeschehen interessiert, dass ich mit großer Freude mit ihm und seiner Frau Marianne auf Erinnerungsexkursionen ging. Ja – mit ihm und seiner Frau Marianne, denn die Lebensgeschichte Herbert Baumanns stellt sich auch dar als eine gelungene lebenslange Paarbeziehung und verdient damit Beachtung. Der Buchtitel »Duetto concertante«, angelehnt an ein frühes Werk Herbert Baumanns aus dem Jahr 1958, steht sinnbildlich für diese Beziehung. »Duetto« – nur zu zweit, mit Verständnis und Unterstützung seitens des Partners, ist eine derartige Künstlerbiografie möglich. »Concertante« – wetteifern, bisweilen auch streiten, jedoch vor allem zusammenklingen, wie die einzelnen Instrumente in einem Instrumentalkonzert, all das macht eine lange Paarbeziehung aus.

Und so unternahmen wir zusammen eine Reise in die Vergangenheit, eine unterhaltsame, amüsante, fröhliche aber auch nachdenkliche Reise durch ein langes, aufregendes Künstlerleben im 20. Jahrhundert. Herbert Baumanns phänomenales Erinnerungsvermögen, seine Reflexionen über längst Vergangenes und seine Lust am Erzählen sind erstaunlich. Ich hatte bei unseren Interviewterminen immer das Gefühl, dabei gewesen zu sein, damals, in seinem Leben. Unsere zahlreichen Treffen, privat, in der Wohnung des Ehepaars, die einen traumhaften Blick über München bietet, bei Kaffee und Kuchen, endeten häufig »beim Italiener« und fanden so einen kulinarisch-geerdeten Abschluss.

Nun liegt das Buch über Herbert Baumanns Leben, seine Familie und sein Werk, vor und bietet den Leserinnen und Lesern auch interessante Einblicke in die deutsche Zeitgeschichte. Hier liest man keine »erfundene Erinnerung« im literarischen Sinne, hier ist eine authentische Lebensdarstellung nachvollziehbar. Gerade für mich, die ich den Krieg und die Nachkriegszeit nur aus dem Geschichtsunterricht, aus einschlägiger Lektüre und den Erzählungen meiner Großeltern kenne, ist der Aspekt der Authentizität von großer Relevanz.

Hier liest man die Lebensgeschichte eines deutschen Komponisten im 20. Jahrhundert: Herbert Baumann wurde in der Weimarer Republik geboren, wuchs während der Zeit des Nationalsozialismus auf und wurde als Jugendlicher in den Zweiten Weltkrieg geschickt. Er erlebte die Nachkriegszeit, den Wiederaufbau Deutschlands und die Teilung des Landes in zwei deutsche Systeme bis 1989 aus dem Blickwinkel eines Künstlers – und kann nun im hohen Alter auf ein erfülltes Leben zurückblicken.

Herbert Baumanns augenzwinkernd vorgebrachte Bemerkung »Nischt jemacht, allet jeworden« spricht für sich. Über dem Leben von Herbert und Marianne Baumann könnte auch ein anderer Satz, vielleicht auch im Sinne von Roberto Benigni, stehen: »Das Leben ist schön.«

München, im April 2013

Musik, die gebraucht wird

München, Februar 2012: Ein kleines Arbeitszimmer, es duftet nach Kaffee und frischem Gebäck, im Hintergrund summt leise ein Computer. Auf dem Tisch in der Mitte liegt, neben der Schale mit Keksen, ein aufgeschlagenes Fotoalbum. Bunt leuchten die Fotos dem Betrachter entgegen, farbenprächtige Kostüme und zauberhafte Bühnenbilder sind darauf abgebildet. Man glaubt, Musik zu hören, fröhlich und beschwingt. »*Alice im Wunderland*, Wiesbaden 1984«[1], sagt Herbert Baumann, der Komponist und Gastgeber – und deutet auf eine der Aufnahmen. Ganz genau ist ihm noch im Gedächtnis, wann sie aufgenommen wurde. Und natürlich erinnert er sich auch an jeden Ton der Ballettmusik zu *Alice im Wunderland*, denn er hat sie schließlich selbst komponiert.

Über 500 Bühnenmusiken hat Herbert Baumann in seinem Leben geschrieben, dazu Filmmusik, sinfonische Musik und Kammermusik. Nie hat er »nur für die Schublade« komponiert, seine Stücke wurden immer aufgeführt, jedes einzelne. »Und dass mich das glücklich macht und mit einer großen Dankbarkeit erfüllt, das werden Sie sicher verstehen«, bemerkt er lächelnd. Er blickt von dem Fotoalbum auf und aus dem Fenster. Eine grandiose Sicht über München hat man von hier, dem 14. Stockwerk eines frei stehenden Hochhauses. Man sieht die berühmten Türme der Frauenkirche, das Deutsche Museum, im Norden die Allianz Arena und bei gutem Wetter sogar bis zu den Alpen. Hier in München ist er zu Hause, hier ist seine Heimat. Doch ursprünglich ist Herbert Baumann Berliner.

[1] Herbert Baumann in einem Gespräch mit der Autorin. Für alle folgenden Zitate ohne Referenz gilt dasselbe.

Kindheit und Jugend

Zurück an den Anfang des Fotoalbums, in das Jahr 1923. Eine alte Schwarz-Weiß-Fotografie zeigt ein junges Paar, Wilhelm und Elfriede Baumann, geb. Bade, Herbert Baumanns Eltern. 1923 haben die beiden geheiratet. Zu dieser Zeit sind in Berlin die Nachwirkungen des Ersten Weltkriegs, wirtschaftliche Depression und Inflation, noch deutlich zu spüren. Doch es geht langsam aufwärts, die »Goldenen Zwanziger« werden Berlin[2] bald zur größten Industriestadt Europas und legendären Kulturmetropole machen.[3] Den wirtschaftlichen Aufschwung sieht auch Wilhelm Baumann kommen und gründet zusammen mit zwei ehemaligen Kollegen die »Edelstahlgesellschaft – Stein, Haber & Baumann«. Bald floriert das Unternehmen und verschafft Wilhelm Baumann und seiner Familie ein gutbürgerliches Leben, frei von materiellen Sorgen.

Am 31. Juli 1925 wird Herbert Baumann in Berlin geboren. An seine unbeschwerte Kindheit erinnert er sich gerne zurück, seine Augen beginnen regelrecht zu leuchten, wenn er von damals berichtet.

Mit acht Jahren beginnt er, Klavier zu spielen. Das musikalische Talent hat er wohl von seiner Mutter geerbt, die ihrerseits eine gute Pianistin ist und an deren weiche Mezzosopranstimme sich Baumann noch gut erinnert.

Er besucht das Schiller-Gymnasium in Berlin-Lichterfelde, ein humanistisches Gymnasium, wo er Latein und Griechisch, später auch Englisch lernt. Baumann geht gerne zur Schule, wirkliche Lieblingsfächer hat er nicht, jedoch interessieren ihn Sprachen von Anfang an mehr als naturwissenschaftliche Fächer.

»Musikunterricht – na ja, den hat man nicht so ganz ernst genommen. Wir haben gesungen, und wir führten sogar ein Weihnachtsmärchen auf, das der Musiklehrer selbst komponiert hatte. A-capella-Chöre wie *Locus iste* von Bruckner haben uns Freude bereitet, das ist einfach wunderschöne Musik.«

[2] Vgl. http://www.berlin.de/berlin-im-ueberblick/geschichte/weimarer_republik.de.html

[3] Vgl. Metzger, 2006.

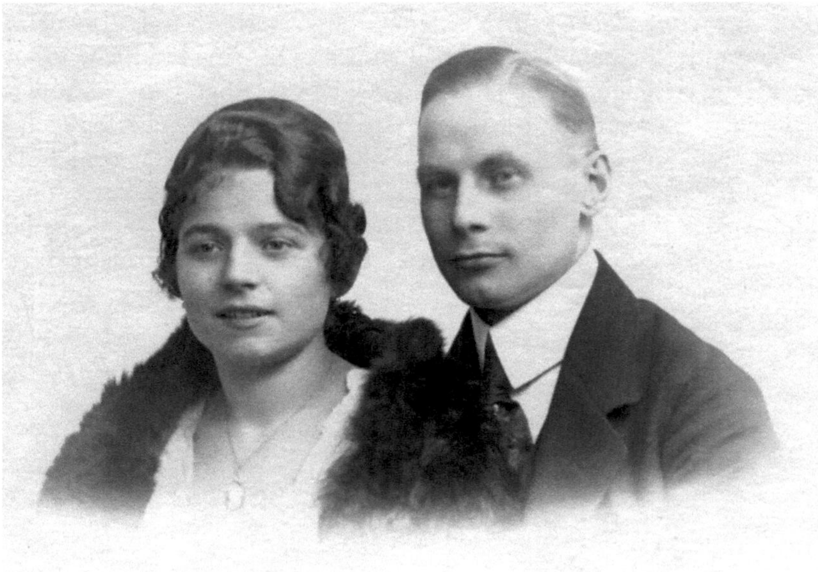

Wilhelm und Elfriede Baumann im Jahr 1923.

Seine musikalische Begabung bleibt nicht unentdeckt: Die Lehrer am Schiller-Gymnasium sind von der Musikalität des Jungen beeindruckt. Bei einem Schulkonzert tritt der elfjährige Herbert das erste Mal öffentlich auf. Die Klaviersonate B-Dur KV 333 von Wolfgang Amadeus Mozart spielt er nicht nur fehlerfrei, sondern schon sehr musikalisch. Bald darauf wird er sogar an andere Gymnasien »ausgeliehen«, wo er in mehreren Schülerkonzerten Johann Sebastian Bachs F-Dur Invention BWV 779 spielt. »Ein großer Pianist ist aus mir aber nie geworden, das Üben war mir einfach zu lästig«, schmunzelt Baumann. Eine typische Bemerkung des Künstlers, Ausdruck seiner so sympathischen Bescheidenheit und seines Understatements. Denn mehrere Konzerte und Rundfunkaufnahmen mit ihm als Solisten beweisen sein großes Talent als Pianist, auch wenn er etwa Tschaikowskys Klavierkonzert Nr. 1 nie gespielt hat.

Dass die Musik sein Leben einmal derart bestimmen würde, das hat Herbert Baumann damals freilich nicht geahnt. Aber einmal Musiker zu werden, das kann er sich als Kind schon vorstellen.

Seine ersten Kompositionsversuche wagt er mit zwölf Jahren: der

Tanz der Schneeflocken für Klavier. »Wohlgemerkt in C-Dur«, meint Baumann bescheiden und in seinen Augen blitzt eine kindliche Freude auf, die er sich über die Jahre hinweg bewahrt hat. Ganz so unbedeutend, wie er vorgibt, ist dieses erste Werk für sein Schaffen nicht. Schon in diesem kleinen Stück klingt Baumanns Affinität zum Tanz an, deutlich zeigt sich sein Gespür für Rhythmus und Bewegung. Jahre später wird er die Ballette *Alice im Wunderland* (1984) und *Rumpelstilzchen* (1986) zu seinen Hauptwerken zählen (mehr dazu ab Seite 79).

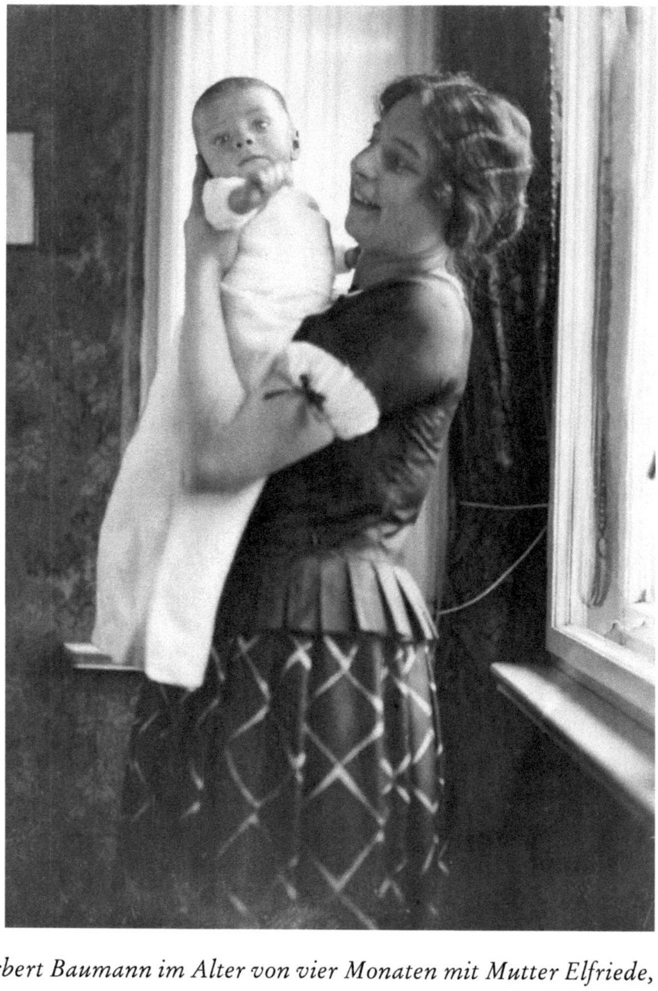

Herbert Baumann im Alter von vier Monaten mit Mutter Elfriede, 1925.

Früh entdeckt Baumann seine Liebe zu Theater und Oper: Als Schüler besucht er oft die Berliner Staatsoper und hört die damaligen Stars der Musikszene, wie den Tenor Max Lorenz (1901–1975) oder die Sopranistin Maria Cebotari (1910–1949). Wenn er von den damaligen Aufführungen erzählt, kommt er heute noch ins Schwärmen.

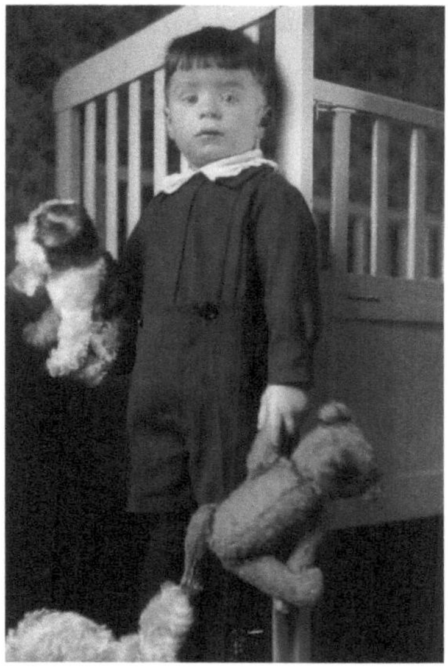

Herbert Baumann, 1927.

Herbert Baumanns Vater ist zudem ein großer Freund von sinfonischer Musik und Kammermusik. So erlebt Baumann in seiner Jugend die Pianisten Edwin Fischer (1886–1960) und Walter Gieseking (1895–1956) sowie große Dirigenten wie etwa Wilhelm Furtwängler (1886–1954): »Furtwängler war damals sehr bekannt, seit 1922 leitete er die Berliner Philharmoniker. Ich durfte eine Aufführung von Beethovens 9. Sinfonie miterleben. Dieses Werk mit dem grandiosen Chor hat mir in Furtwänglers Interpretation schon sehr imponiert!«

Ein anderer, heute bei Weitem nicht mehr so bekannter Dirigent wie Wilhelm Furtwängler fasziniert den jungen Herbert Baumann: »Artur Rother war Dirigent am Deutschen Opernhaus Berlin, dieser Mann hatte ein unglaublich feines Gehör. Wenn der zweite Oboist nicht ganz sauber intonierte, hat er das selbst in einem großen Orchester sofort gehört. Diese Fähigkeit hat mich beeindruckt.«

Die Konzertbesuche sind Baumann noch aus einem anderen Grund besonders im Gedächtnis geblieben: »Die Berliner Philharmonie befand sich vor ihrer Zerstörung im Zweiten Weltkrieg in der Bernburger Straße 22a/23 in Berlin-Kreuzberg. Ich betrat mit meinem Vater den großen Saal, sah mich um und entdeckte etwas Seltsames: Rundum in der Höhe des Ranges befanden sich goldene Medaillons mit Komponistenbildnissen. Jedoch waren ein paar davon ausgelöscht! Ich habe meinen Vater danach gefragt und er erzählte mir, dass dort unter anderem die Bildnisse von Mendelssohn und Meyerbeer hingen. Diese aber waren Juden und deshalb nicht mehr erwünscht.«

Nicht nur die Musik jüdischer Komponisten, auch atonale Musik, Kompositionen »linker« Komponisten wie Kurt Weill (1900–1950) oder etwa ganz allgemein der Jazz werden von den Nationalsozialisten unter dem Begriff »Entartete Musik« zusammengefasst. Die gleichnamige, von Reichskultursenator Hans Severus Ziegler veranlasste Wanderausstellung wurde 1938 in Düsseldorf eröffnet und prangert Komponisten und ihre Werke öffentlich als »entartet« an. Aufführungsverbote und schließlich die Angst vor der Verfolgung zwingen viele dieser unerwünschten Komponisten später ins Exil, wie etwa Arnold Schönberg (1874–1951).[4]

Herbert Baumann ist zu dieser Zeit 13 Jahre alt: »Ich habe als Kind die Veränderungen durch den Nationalsozialismus nicht unmittelbar gespürt. Die politische Situation hat sich jedoch im Verhalten meines Vaters gespiegelt, er schien oft sehr bedrückt, vor allem, wenn es um seine jüdischen Geschäftspartner Stein und Haber ging.«

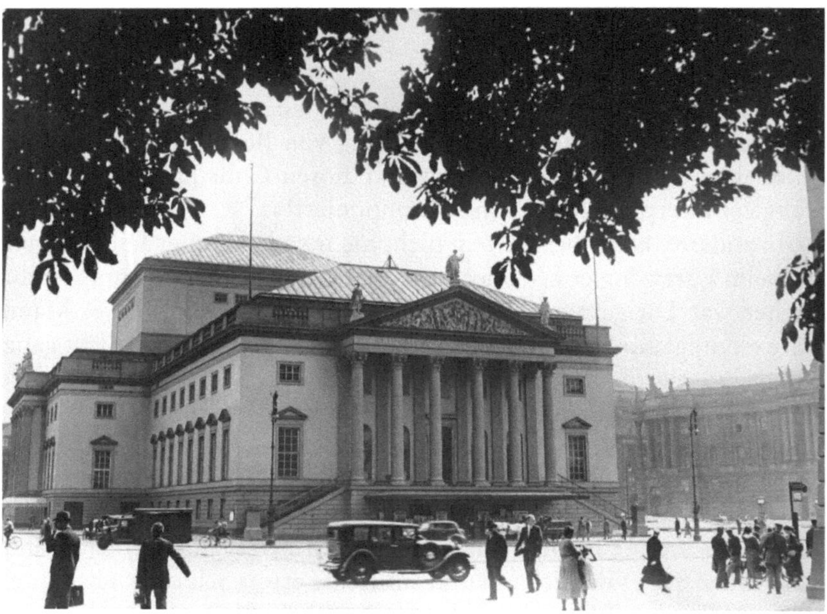

Berliner Staatsoper Unter den Linden, 1936.

[4] Vgl. Kater, 1998, S. 153f.

Doch Baumanns Eltern schaffen es, dass ihr Sohn eine unbeschwerte Kindheit und Jugend verlebt. Er verbringt viel Zeit mit seiner geliebten Musik und in der Natur. Ein Erlebnis von damals ist ihm noch in bester Erinnerung: Herbert unternimmt mit Freunden zusammen eine 14-tägige Ruderfahrt. In Berlin geht das Abenteuer los, auf dem Plauer Kanal[5] rudern die Jugendlichen Richtung Elbe. Vorbei an der Festung Dömitz, geht es schließlich über die Müritz und die Havel nach Himmelpfort in der Uckermark. Dort hat Baumanns Tante, Ilse Bogdan, ein Ferienhaus, in dem die Freunde ein paar Tage kampieren dürfen. »Wir haben uns erst mal einen großen Waschkessel voll Gemüseeintopf gekocht. Den gab's dann die nächsten Tage, wir waren ja ständig unterwegs, da hatten wir keine Zeit, jeden Tag zu kochen. Aber Bonbons haben wir selbst gemacht, aus den abenteuerlichsten Zutaten: Butter, Zucker, Pfeffer, Vanille, Zimt, Zitrone, Senf, Marmelade, Rum, Mehl, Zitronenaroma, Kunsthonig, Gries und Salz. Wir nannten sie deshalb ›Buzupfevazizisemarumezikuhozisal-Bonbons‹ – die haben sogar richtig gut geschmeckt«, lacht Baumann. Eine sorgenfreie Zeit ist das. Bald aber wirft der nahende Zweite Weltkrieg seinen Schatten voraus.

Die Nationalsozialisten waren 1933 an die Macht gekommen, die Einschränkungen für deutsche Juden nehmen immer mehr zu und gipfeln letztendlich in den Nürnberger Rassegesetzen von 1935. Entlassungen, Unterbindung der Berufsausübung und Meldepflichten sind nur ein Teil der unmittelbaren Folgen für die jüdische Bevölkerung.[6] In der später so genannten »Reichskristallnacht«, der Nacht vom 9. auf den 10. November 1938, entlädt sich der Hass der Nationalsozialisten auf die jüdischen Mitbürger in systematischer Zerstörungswut: Tausende Synagogen, Wohnungen, Versammlungsräume und Geschäfte jüdischer Bürger werden verwüstet, Juden inhaftiert und ermordet. Auch die Familie Baumann ist unmittelbar betroffen: Beide Geschäftspartner von Wilhelm Baumann, Walter Stein und Alexander Haber, sind Juden. Die Schwestern von Alexander Haber, Bertha und Greta, betreiben ein Schokoladengeschäft am Bahnhof Berlin-Charlottenburg. In dieser Nacht wird auch ihr Geschäft geplündert und zerstört. Schließlich fliehen Alexander Haber und Walter Stein aus Deutschland, Haber zunächst nach England und schließlich nach Australien, Stein nach Amerika. Die freundschaftlichen Beziehungen der Familien Baumann, Haber und Stein bleiben jedoch bestehen, noch jahrelang hält man den Kontakt aufrecht.

[5] Heutiger Elbe-Havel-Kanal.

[6] Vgl. http://www.rassengesetze.nuernberg.de/gesetze/index.html

An der Front

Am 1. September 1939 beginnt mit dem deutschen Überfall auf Polen der Zweite Weltkrieg. Die Schüler des Schiller-Gymnasiums bekommen das bald zu spüren: »Der Krieg hatte begonnen. Wir waren aufgefordert, ›Altmetall‹, das heißt Konservendosen oder Ähnliches, zu sammeln, das zu Kriegsmaterial verarbeitet werden sollte«, berichtet Baumann. In ihrer jugendlichen Unbeschwertheit machen sich Herbert und seine Klassenkameraden daraus einen Spaß: »Aus den Dosen errichteten wir Jungen im Klassenzimmer eine Pyramide, legten eine Schnur darum, und mitten im Unterricht zog einer von uns daran. Mit einem Höllenlärm fiel das ›Kunstwerk‹ in sich zusammen. Die Bemühungen des Lehrers, den Namen des Übeltäters zu erfahren, waren natürlich vergeblich. Ebenso, als wir im Klassenschrank einen alten Wecker, auch ein Teil des ›Altmetalls‹, einschlossen, der während des Unterrichts zu schellen begann. Natürlich war der Schrankschlüssel nicht zu finden – der Unterricht war beendet. Unser Klassenleiter verdonnerte uns, zu einer Strafstunde nachmittags in der Schule zu erscheinen. Wir hatten uns verabredet, zu diesem Anlass in unserem besten Anzug aufzukreuzen. Unser Lehrer verstand den Spaß zum Glück, und der Unterricht fand nicht statt!«

So glücklich Baumanns Jugend aufgrund seiner familiären Situation ist, ganz unbehelligt von den politischen Ereignissen und den Schrecken des Zweiten Weltkrieges bleibt sie nicht. 1943, mit gerade 18 Jahren, wird er in die Wehrmacht einberufen. Von jetzt an ist Schluss mit den geliebten Theaterbesuchen, dem Klavierspielen und der Musik ganz allgemein: »Es war völlig still in dieser Beziehung. Wir haben auch keine Lieder gesungen. Das ist so ein bisschen falsche Romantik, die man sich da vorstellt. Jeder war mit seinen Gedanken beschäftigt, hat gebetet, für so etwas war im Herzen einfach kein Raum.«

Zur Grundausbildung muss er zunächst nach Schwedt an der Oder, dann nach Dänemark, Baumann nennt es im Rückblick die »Schlagsahnefront«. »Hier war es noch richtig nett, wenn man überhaupt so sagen kann. Es gab Schlagsahne, Torten und Butter, man konnte richtig zunehmen«, erzählt er. Auch Speck gibt es, der in Deutschland mittlerweile eine Seltenheit ist. Es gelingt ihm, kleine Essenspakete mit Kaffee und Speck an seine Familie in die Heimat zu schicken.

Nach dieser als »Schonzeit« empfundenen Anfangszeit als Soldat wird Herbert Baumann an die Ostfront nach Polen versetzt. Bei einem Waldkampf wird er verwundet, ein Handgranatensplitterdurchschlag im Oberarm. Es ist eine schmerzhafte Verletzung, aber nicht weiter gefährlich. Und sie hat einen erfreulichen Nebeneffekt: Bis zu seiner Genesung darf Baumann zurück in die Heimat. Anschließend bildet er in Neuruppin junge Soldaten aus. Hier in Brandenburg erlebt Baumann auch einen der wenigen glücklichen Augenblicke während des Kriegs. Im Dezember 1944 kommen seine Eltern zu Besuch nach Neuruppin, gemeinsam feiern sie in einem Hotel Weihnachten, »das waren dann die kleinen Highlights, die man so hatte.«

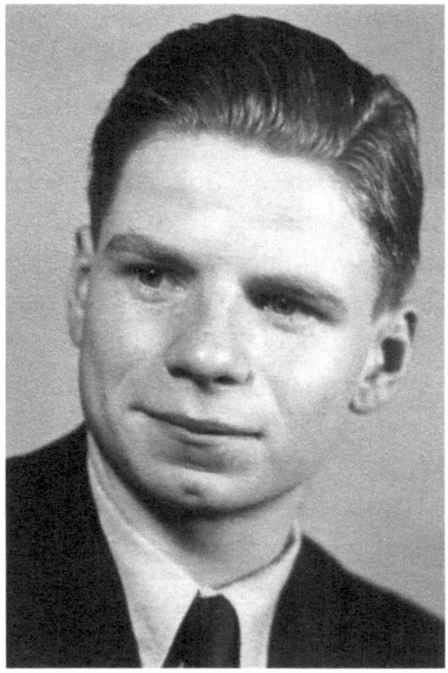

Herbert Baumann als junger Mann, 1943.

An diese und andere schöne Momente erinnert sich Herbert Baumann noch gut, über seine Erfahrungen als junger Soldat an der Front spricht er dagegen auch heutzutage nur sehr ungern.

Mehr als einmal ist er knapp dem Tod entgangen, bei einem Gefecht an der russischen Front verblutet ein Kamerad in seinen Armen. Im Kugelhagel der Maschinengewehre läuft Baumann »wie ein Hase im Zickzack« um sein Leben, watet durch einen eiskalten Fluss und rettet sich hinter die eigenen Linien. »Mein Mantel stand so ab, der war

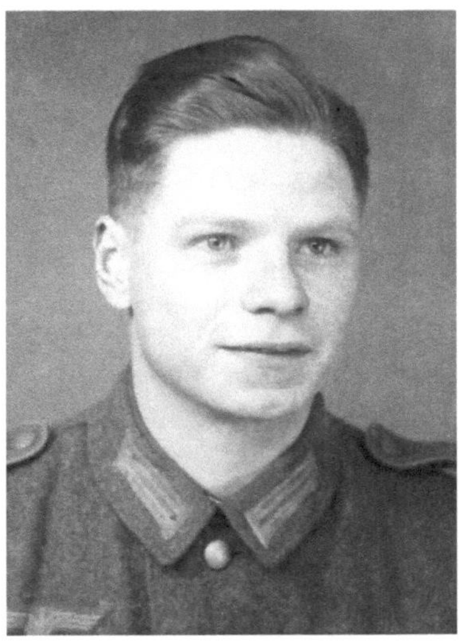

Herbert Baumann als Soldat, 1943.

gefroren«, meint Baumann und seine Hände gestikulieren wild, wenn er sich die schrecklichen Bilder noch einmal ins Gedächtnis ruft, »das waren schlimme Zeiten.«

Die ersten, für die deutsche Wehrmacht siegreichen Jahre des Zweiten Weltkriegs sind vorbei – spätestens seit der Kapitulation der deutschen Armee in Stalingrad im Januar 1943 glaubt die große Mehrheit der Bevölkerung nicht mehr an einen »Endsieg«, dennoch werden weiterhin Soldaten an die Ostfront beordert.[7] Es trifft auch Herbert Baumann.

Im Januar 1945 wird er erst in Ungarn, dann in Schlesien an die Front geschickt. Er wird erneut verwundet, ein Granatsplitter durchschlägt seinen Oberschenkel. Ausgerechnet in einem SS-Lazarett in Mährisch-Ostrau, dem heutigen Ostrava in Tschechien, wird er medizinisch versorgt. »Lieber hätte ich in einem Wehrmachtlazarett gelegen, die SS war ja eine Organisation der Nationalsozialisten, damit wollte ich nichts zu tun haben, aber das konnte ich mir leider nicht aussuchen.«

Die Lage an der Ostfront spitzt sich unterdessen zu, die russische Armee ist weiter auf dem Vormarsch. Allmählich wird es Gewissheit, dass man die Stellungen nicht mehr lang halten kann. Auch das Lazarett in Mährisch-Ostrau wird man aufgeben müssen. Der Oberarzt geht durch die Reihen der Feldbetten und schickt jeden Patienten, dessen Ausheilung länger als acht Wochen dauert, auf schnellstem Weg in die Heimat. So gelangt Herbert Baumann glücklicherweise in einen Lazarettzug, der ihn zurück nach Deutschland bringen soll.

[7] Vgl. Zentner, 1965, S. 291 ff.

Ein langer Weg zurück

Der Lazarettzug irrte durch die Gegend, mal waren die Gleise zerstört, dann wieder die Lazarette bereits voll, und nach einer elftägigen Odyssee kamen wir nach Memmingen«, berichtet Herbert Baumann. Im Frühjahr 1945 war das und er erinnert sich an jedes Detail seiner Reise, als sei es gestern gewesen.

Die Stadt Memmingen wird noch während Baumanns Genesung kampflos an die Amerikaner übergeben, das Kriegsende am 8. Mai erlebt er im Krankenhaus. Doch schon eine Woche später, am 15. Mai – genau nach acht Wochen, wie der Oberarzt in Mährisch-Ostrau vorausgesagt hatte –, wird er entlassen. Ein Glück, denn somit entgeht er der amerikanischen Kriegsgefangenschaft. Er humpelt noch leicht, aber das kann ihn nicht aufhalten, zu lang hat er seine Familie nicht mehr gesehen. Mit einem Leidensgenossen, der ebenfalls am Bein verwundet wurde, macht er sich auf den langen Weg zurück nach Berlin.

Die erste Etappe seiner Heimreise ist das Rheinland. Dort, in Engelskirchen bei Köln, wurde Herbert Baumanns Vater Wilhelm geboren. Herbert Baumanns Großeltern führen dort das Hotel Bergischer Hof. Sollten die Eltern aus Berlin geflüchtet sein, würde er sie bestimmt dort antreffen. Die beiden jungen Männer reisen zu Fuß, auf Ochsenkarren und auf Jeeps von Amerikanern. Ein Lastwagen bringt sie schließlich – direkt in ein Gefängnis! Verwundert erfahren Baumann und sein Kamerad, dass sie sich nach ihrer Entlassung nur in einem Umkreis von höchstens acht Kilometern von Memmingen hätten bewegen dürfen. Nun sind sie aber schon fast 300 Kilometer entfernt!

»Es war ein lustiges Gefängnis! Wir durften Kriminalromane aus der Gefängnisbibliothek lesen und Bier trinken, das alles wurde uns vom Gefängniswärter praktisch frei Haus geliefert«, meint Baumann lächelnd. »Einmal haben wir Kartoffeln für die nächste Mahlzeit geschält, dann kamen jedoch neue Gefangene an und wir mussten gehen. Wir hatten Hunger, also haben wir gefragt, ob wir vielleicht noch mal mitessen könnten. So durften wir mittags noch einmal vorbeikommen und uns satt essen.« Das Gefängnis befindet sich in der bayerischen Kleinstadt Miltenberg. Jahre später wird Baumann zusammen mit seiner Frau hier auf einer Reise Halt machen, sie werden das Gefängnis besuchen und vor dem Gefängnistor wird Herbert sagen: »Schau, Marianne, hier hab ich ein paar unbeschwerte Tage zugebracht!«

Nach den überstandenen Schrecken des Krieges ist Baumann dieser unfreiwillige Gefängnisaufenthalt in positiver Erinnerung, so wie auch die weiteren Etappen seiner Heimkehr: »Wir wurden überall mit offenen Armen empfangen, weil ja jeder beim Anblick von uns Kriegsheimkehrern an seinen Vater, Bruder oder Sohn dachte. Man wusste noch nicht, wer in Gefangenschaft geraten war oder gar gefallen. Und so wurden wir mit Essen verwöhnt und gefragt, ob wir schon einen Platz zum Schlafen hätten. Wir schliefen dann in den Betten der noch nicht heimgekehrten Söhne, manchmal auch einfach im Stroh. Der Krieg war für alle vorbei! Es ist eine richtige Euphorie im Lande ausgebrochen.«

Bevor Baumann und sein Kamerad nach ihrem unfreiwilligen Gefängnisaufenthalt weiterreisen können, müssen sie auf die Ausstellung ihrer Papiere warten. Sie bleiben zwei Nächte in einem Hotel, das sie von ihrem letzten Sold als Soldaten bezahlen – eine wahrlich ungewohnte Umgebung für Kriegsheimkehrer!

Bald darauf trennen sich die Wege der beiden: Den Kameraden zieht es nach Offenbach, während Herbert seinen Weg nach Engelskirchen fortsetzt. Zwei Wochen dauert die Reise ins Rheinland. Baumann findet die Stadt Engelskirchen in Trümmern vor, sie ist im Krieg fast völlig zerstört

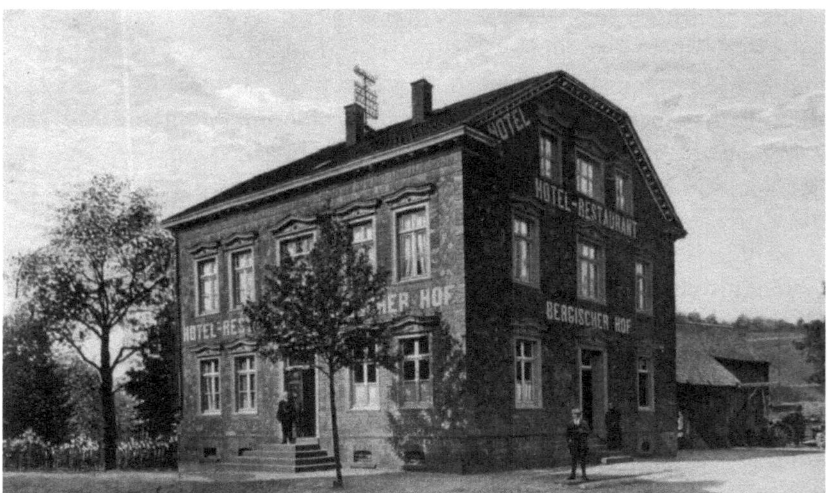

Hotel-Restaurant Bergischer Hof in Engelskirchen bei Köln, um 1900.

worden. Seine Eltern trifft er jedoch nicht an. Herbert Baumanns Onkel Fritz Baumann vermittelt ihm eine Stelle bei einem Bauern in Wiehl, nicht weit von Engelskirchen, wo er in der Landwirtschaft hilft. Kühe hüten, bei der Ernte helfen, im Stall mitarbeiten – dafür gibt es Essen und einen Platz zum Schlafen. Doch allzu lange hält es Baumann nicht im Rheinland, die Hoffnung, seine Eltern wiederzusehen, lässt ihn nicht los.

Baumann reist weiter nach Berlin. Auch dieser Weg verläuft nicht ohne Zwischenfälle. An der Grenze zur russischen Besatzungszone wird er gestellt. Die Russen bedrohen ihn mit einem Gewehr, nehmen ihm seine Uhr und einen Vier-Farben-Stift ab, alles, was er an »Kostbarkeiten« noch besitzt. Baumann und einige andere, die mit ihm zusammen die Grenze überqueren wollten, werden gefangen genommen. Dann sollen sie sich umdrehen und 80 Schritte gehen, »da dachte ich, jetzt hat dein letztes Stündlein geschlagen! Dann rief der Russe: *dawaj, dawaj*, wir sollten weglaufen. Das haben wir uns nicht zweimal sagen lassen! Er hat nicht hinterhergeschossen und wir sind mit dem Leben davongekommen.«

Auf Kohlentransportern gelangt Herbert Baumann endlich nach Berlin. Plötzlich steht er vor seinem Elternhaus, seine Eltern sind am Leben – Tränen fließen, so groß ist die Wiedersehensfreude.

Das Haus seiner Kindheit in Berlin-Lichterfelde ist, wie das gesamte Viertel, kaum zerstört worden. Lediglich einige wenige ausgebrannte Häuser zeugen von den Kriegshandlungen. »Meine Eltern hatten bei Kriegsausbruch viele Sachen ausgelagert. Im schlesischen Brieg[8] hatte mein Vater einen Zweigbetrieb seiner Firma, dort, so hofften sie, würden ihre Sachen sicher sein. Aber wie es so kommt – Brieg wurde noch vor Berlin angegriffen und zerstört!«

Baumanns Eltern hatten den Krieg überstanden, doch wie war es seinen Freunden, den Kameraden aus der Schulzeit ergangen? Das konnte Herbert Baumann schnell in Erfahrung bringen: »Während des Krieges hat sich meine Mutter Elfriede bereit erklärt, so etwas wie eine Zentrale zu bilden. Alle Klassenkameraden haben aus dem Feld Briefe an meine Mutter geschrieben. Sie hat diese dann gesammelt, mit Kohlepapier mehrfach abgetippt und an alle Kameraden zurückgeschickt. Dadurch wurde die Verbindung untereinander erhalten. Nach dem Krieg haben sich dann fast alle wieder bei meiner Mutter gemeldet.«

Bis heute hält Baumann den Kontakt zu seinen Schulkameraden aufrecht.[9]

[8] Heutiges Brzeg in Polen.

[9] Vgl. Kapitel »Raus aus diesem roten Meer!«, S. 67–74.

Studieren im zerstörten Berlin oder: Auf Umwegen zur Musik

Endlich ist Herbert Baumann wieder zurück in Berlin und im Kreise seiner Familie. Sein Abiturzeugnis erhält er erst jetzt, denn wie alle Schüler seiner Klasse wurde er 1943 noch vor den Prüfungen zur Wehrmacht einberufen. Nun, nach Kriegsende, erhält er das Zeugnis über die Allgemeine Hochschulreife, ausgestellt unter Zugrundelegung seines letzten Schulzeugnisses. Herbert Baumann beginnt im Oktober 1945 zu studieren, doch er wählt nicht, wie man erwarten könnte, Musik – ein Architekturstudium soll es sein. Das Zeichnen, Berechnen und Entwerfen liegt Herbert Baumann seit jeher, schon in seiner Soldatenzeit hat er erstmals Kontakt zur Technischen Universität Berlin aufgenommen. Nicht zuletzt spielt sein Vater Wilhelm eine Rolle bei dieser Entscheidung: »Auch mein Vater hat mich dazu angeregt, er meinte, ein Architekturstudium wäre zukunftsträchtiger. Na ja, die ganze Stadt lag in Trümmern! Architekten wurden eben gebraucht!« Doch vor der Aufnahme des Studiums muss jeder Student 100 Arbeitsstunden verrichten. Die Technische Universität ist teilweise zerstört, Ziegelsteine liegen umher, alle Fenster sind zerbrochen, die Hörsäle müssen erst von Schutt befreit werden. Herbert Baumann und seine Kommilitonen schleppen Steine und dichten Fenster notdürftig mit Pappe ab.

»Und als ich da zum Steineklauben gefahren bin, kam ich jeden Morgen an einem Bauzaun vorbei. Da hing ein Plakat vom Internationalen Musikinstitut Berlin, darauf standen die Namen der bedeutendsten Personen des damaligen Musiklebens, wie Celibidache, Höffer, Stuckenschmidt oder Puchelt, die sprangen einen förmlich an! Und da habe ich es gewagt, meinen Vater zu fragen, ob ich nicht beides machen kann, Architektur und Musik«, erzählt Herbert Baumann. »Mein Vater war immer offen für alle Wünsche, und so pendelte ich ab Januar 1946 zwischen beiden Ausbildungsstätten. In der U-Bahn lernte ich, in die eine Richtung Musik, in die andere Architektur und so weiter.« Herbert Baumanns spitzbübisches Lächeln lässt schon erahnen, wie es mit dem Architekturstudium weitergehen soll – schließlich entscheidet er sich ganz für die Musik.

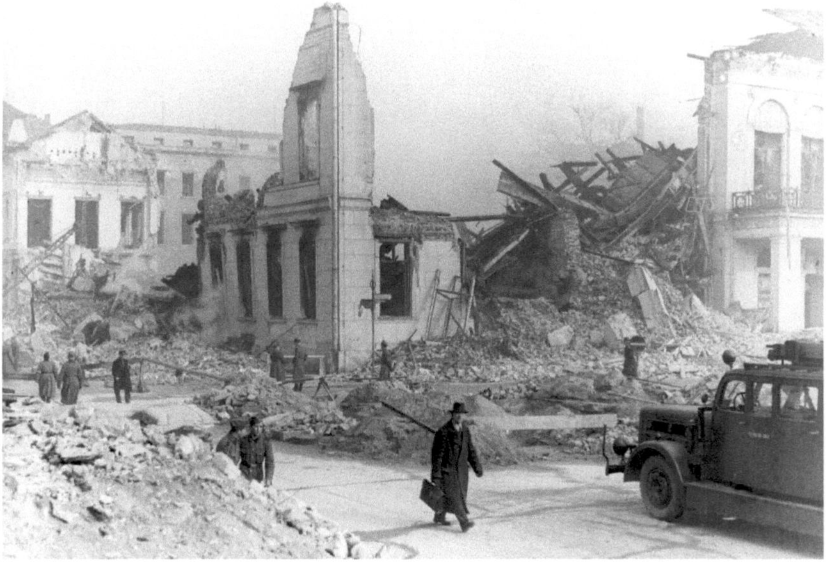

Zerstörtes Berlin, 1945.

Herbert Baumann spielt von Kindheit an sehr gut Klavier, seine Wahl fällt jedoch auf ein anderes Studienfach: das Dirigieren. »Dafür war teilweise auch meine Mutter verantwortlich. Die fand das natürlich schön, wenn der Sohn da vorne steht und alle Musiker machen, was er so möchte. Das macht gleich einen ganz anderen Eindruck, als wenn der Mann am Schreibtisch sitzt und Noten pinselt! Ich fand das auch sehr schön, ich war ja schon früh in Konzerten mit Furtwängler und Celibidache, das hat mich als junger Mann schon fasziniert.«

Und so beginnt Baumann sein Dirigierstudium bei Sergiu Celibidache (1912–1996). Celibidache, damals in seiner ersten Saison an der Spitze des Berliner Philharmonischen Orchesters, nimmt 1946 den Lehrauftrag am Internationalen Musikinstitut Berlin an.[10] Baumann zählt somit zu seinen ersten Schülern.

[10] Vgl. http://www.celibidache.de/biographie.html

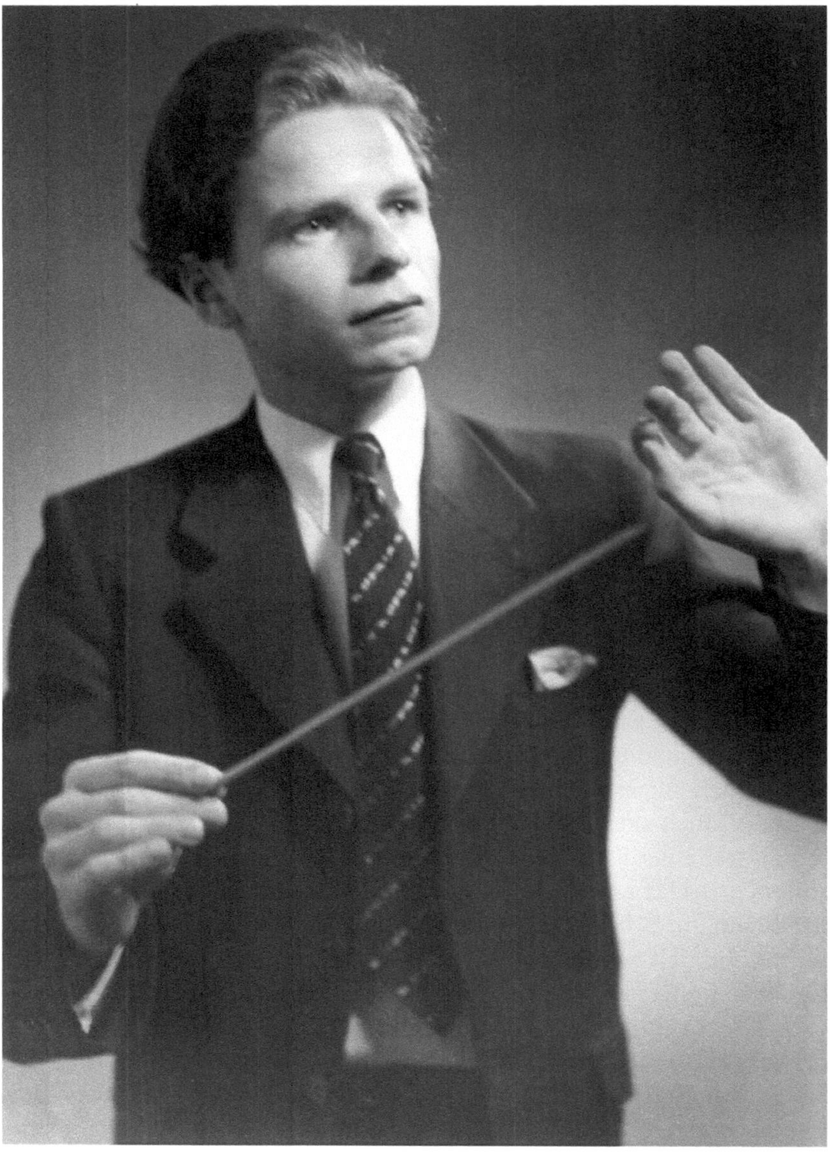

Mit Dirigierstab am Pult: Herbert Baumann, 1946.

»Celibidache saß am Klavier, wir davor, und dann haben wir die Unabhängigkeit der Arme geübt – mit dem linken Arm einen Dreivierteltakt, mit dem rechten Viervierteltakt«, erzählt Baumann und seine Arme bewegen sich automatisch im richtigen Rhythmus. Ganz aufrecht sitzt er auf dem gemütlichen Sofa in seinem Münchner Arbeitszimmer, seine Worte unterstreicht er mit lebhaften Gesten. »Auch das Gestalten, einen bestimmten Charakter mit seinen Bewegungen auszudrücken, all das haben wir gelernt. Und zum Ausgleich ist Celibidache mit uns im Grunewald gelaufen, heute nennt man das ›Jogging‹.«

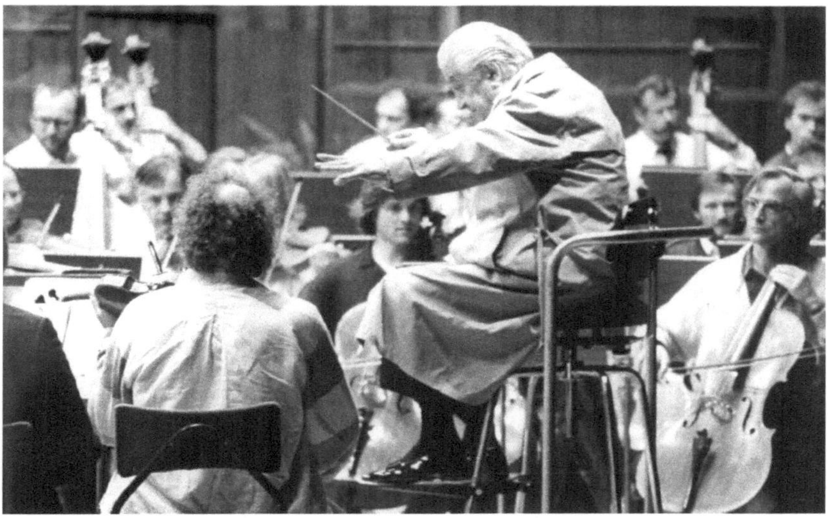

Sergiu Celibidache, 1990.

Das Verhältnis zwischen Studenten und Lehrer ist vertraut. Sie treffen sich nicht nur regelmäßig zum gemeinsamen Ausgleichssport, der Dirigierunterricht findet zunehmend in Baumanns Elternhaus statt. Eigentlich aus ganz pragmatischen Gründen: So kurz nach dem Krieg ist kaum Heizmaterial zu ergattern, Kohlen sind Mangelware. Im Internationalen Musikinstitut werden die Unterrichtsräume nur an drei Tagen in der Woche geheizt, die übrige Zeit ist es bitterkalt. Da hat Herbert Baumann die Idee, den Unterricht zu sich nach Hause zu verlegen. Seine Eltern besitzen eine große Wohnung in Berlin-Lichterfelde, ein Flügel und zusätzlich ein Klavier stehen zur Verfügung – und warm ist es obendrein. Sergiu Celibidache und sein kleiner Schülerkreis – »wir waren fünf oder sechs Studenten« – sind nun oft bei Baumanns zu Gast. Wilhelm Baumanns ehemaliger Geschäftspartner Walter Stein versorgt die Freunde im Nachkriegsdeutschland regelmäßig mit Carepaketen aus den USA, und so wird im Hause Baumann auch Bohnenkaffee angeboten, damals etwas Besonderes. Dazu backt Herberts Mutter Elfriede Kuchen, »und dann haben wir Kaffeekränzchen gemacht, das hat uns allen gefallen, dem Celibidache natürlich auch!«

Seinem Lehrer Sergiu Celibidache verdankt Herbert Baumann schließlich seine Karriere als Komponist. Als das Fermatendirigieren[11] geübt werden soll, stellt Celibidache seinen Schülern eine Hausaufgabe: Jeder soll sich eine Reihe aus Pausen mit verschiedenen Werten überlegen, darin müssen sich einige Fermaten befinden. Anhand dieser Reihe soll dann in der nächsten Stunde geübt werden, wie man eine Fermate abschlägt, wie man weitergeht und welche verschiedenen Möglichkeiten es dabei gibt. Pausen überlegen – das ist Herbert Baumann zu langweilig: »Ich hatte dann den Ehrgeiz, ein kleines Klavierstück mit zahlreichen Fermaten zu komponieren.« Ein kleines Klavierstück, das in der nächsten Stunde großen Eindruck macht. Celibidache gibt die kurze Komposition an seinen Kollegen, den Kompositionslehrer Paul Höffer (1895–1949), weiter. Und auch hier wird Baumanns Talent erkannt: Paul Höffer bietet dem jungen Studenten an, sein Schüler zu werden – kostenlos! »Wir haben für das Dirigierstudium damals im Trimester 200 Mark bezahlt. Aber genauso viel kosteten auch zwei oder drei Zigaretten.«

Zwei Jahre studiert Baumann am Internationalen Musikinstitut in Berlin, das im Haus am Waldsee, einer ehemals in Privatbesitz befindlichen Villa in Zehlendorf, residiert. Die ehemalige Musikhochschule in der Fasanenstraße ist zerstört, die Gebäude sind noch nicht wieder aufgebaut.[12] Hinter diesem Gebäude liegt die Freilichtbühne am Waldsee, geleitet von Schauspieler und Regisseur Fritz Genschow (1905–1977).[13] In seiner Funktion als Direktor engagiert Genschow Baumann als Leiter der Bühnenmusik. So erhält der Student die Chance, erste Erfahrungen in diesem Metier zu sammeln.

[11] Fermate = Haltezeichen, verlängert Noten oder Pausen beliebig. Vgl. Michels, 2000, S. 74.

[12] Vgl. http://www.berlin.de/ba-steglitz-zehlendorf/derbezirk/haw.html

[13] Fritz Genschow ist damals bekannt als »Onkel Tobias vom RIAS« – eine Hörfunkreihe für Kinder.

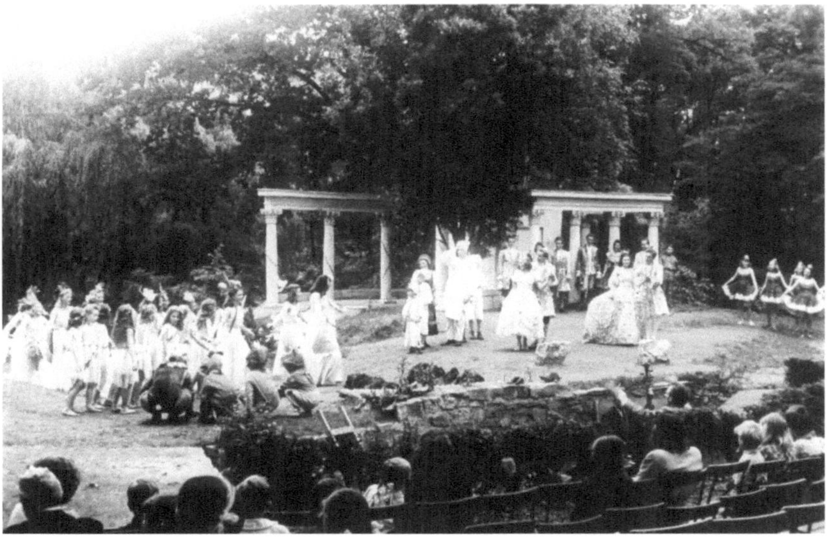

Freilichtbühne am Waldsee 1947: Aufführung von Dornröschen.

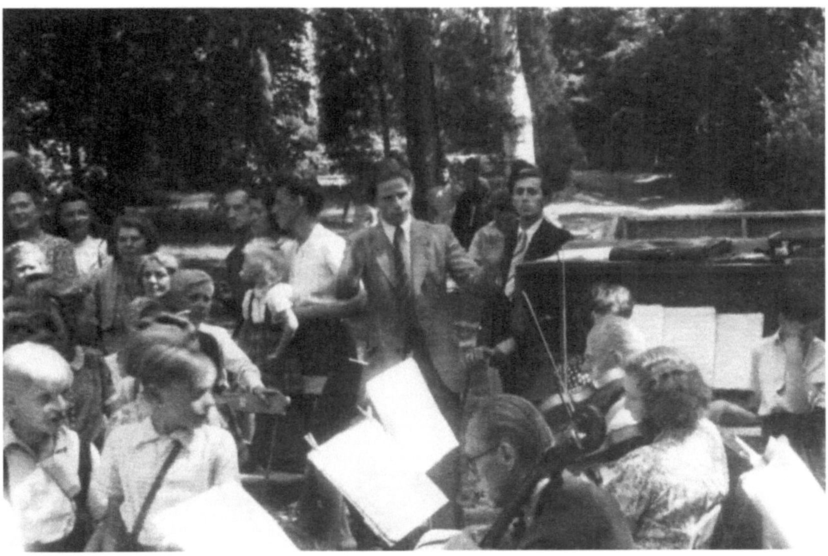

Freilichtbühne am Waldsee 1947: Aufführung von Dornröschen, Herbert Baumann leitet das Orchester.

Durch Sergiu Celibidache und seine Konzerte mit den Berliner Philharmonikern entdeckt Baumann in dieser Zeit auch die Musik von Schostakowitsch, Strawinsky, Bartók und Hindemith für sich,[14] Komponisten, die zwischen 1933 und 1945 kaum zur Aufführung gekommen waren. Nach seiner kurzen Studienzeit, die im Juli 1947 endet, nimmt Baumann bis 1953 Privatunterricht in Komposition bei Boris Blacher (1903–1975), der ihn musikalisch deutlich mehr beeinflusst als Paul Höffer: »Blachers Stil hat einfach ›Pfiff‹. Vor allem das Rhythmische in seinen Kompositionen hat mich fasziniert und beeinflusst. Blachers ›Variable Metren‹ sind beeindruckend, zum Beispiel in seinem Werk *Ornamente für Klavier.* Das ist wahnsinnig schwer zu spielen, sehr ›mathematisch‹ – aber trotzdem Musik!«

[14] Vgl. Messmer, 1995, S. 18.

Der Sprung ins kalte Wasser

Einen wirklichen Bruch in meinem Leben hat es nie gegeben. Das lief eigentlich alles reibungslos«, meint Herbert Baumann mit einem Blick auf das Fotoalbum. »Nischt jemacht, allet jeworden», sagt er mit einem Augenzwinkern. Je länger er erzählt, desto deutlicher hört man seinen sympathischen Berliner Akzent. Bescheiden gibt er sich, nie erwähnt er die harte Arbeit, den ausdauernden Fleiß, der ganz sicher auch hinter seiner Karriere steckt. Ein bisschen glückliche Fügung ist jedoch dabei, zum Beispiel bei Baumanns erster Anstellung nach seinem Studium am Internationalen Musikinstitut Berlin.

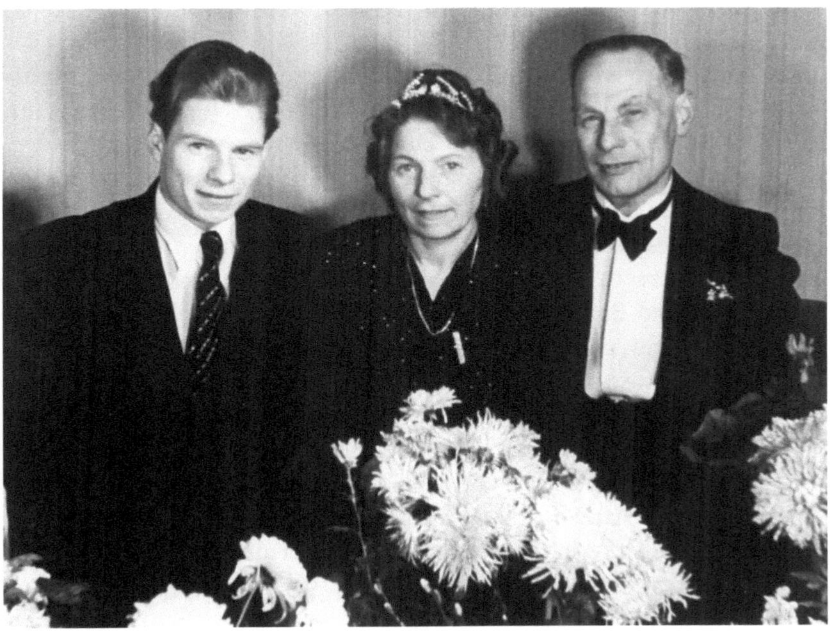

Herbert Baumann mit seinen Eltern bei deren Silberhochzeit, 1948.

Berlin 1947: Herbert Baumann ist gerade im zweiten Studienjahr. Sein Kompositionslehrer Paul Höffer ist damals Grundstücksnachbar von Falk Harnack, dem stellvertretenden Intendanten des Deutschen Theaters Berlin. Wie es der Zufall so will, sucht Harnack gerade nach einem neuen Direktor für die Bühnenmusik und fragt Höffer, ob er nicht jemanden wüsste, der für diese Aufgabe geeignet wäre. Zwar ist Baumann noch nicht einmal 22 Jahre alt, aber seine Erfahrungen an der Freilichtbühne am Waldsee sind Höffer bekannt. So schlägt er seinen jungen Schüler für die Stelle vor. »Und ich habe ja gesagt! Einen Tag nach meinem 22. Geburtstag, am 1. August 1947, habe ich die Stelle angetreten, natürlich zunächst probeweise. Und es hat funktioniert! Man muss auch mal ins kalte Wasser springen können.«

Er erhält die Stelle und sein erster Auftrag ist ihm heute noch gut im Gedächtnis: die Bühnenmusik zu *Agamemnons Tod* von Gerhart Hauptmann. »Da habe ich etwas Besonderes gemacht und eine außergewöhnliche Besetzung gewählt: vier Posaunen, Tuba und Schlagzeug. Damit habe ich die Bühnenmusik bestritten! Und das war mein erstes Stück am Deutschen Theater Berlin. Das war schon ziemlich gewagt«, lacht Baumann.

Der gewitzte musikalische Einstand kommt sowohl beim Publikum als auch beim Intendanten hervorragend an. Problemlos fügt sich Baumann fortan in den Theaterbetrieb ein. Dort ist neben seinem künstlerischen Können auch jede Menge Teamgeist gefragt. Neben Autor und Regisseur sind meist noch der Bühnenbildner und der Komponist beteiligt, wenn ein neues Stück inszeniert wird. Viele Meinungen, die alle unter einen Hut gebracht werden wollen. Horst Pillau[15], Autor, Theaterkollege und Freund Baumanns: »Schon die Zusammenarbeit [mit Herbert Baumann] verlief ungewöhnlich harmonisch. Baumann gab mir die Vorgaben für den Text mit großer Geduld und gleichbleibend guter Laune. Er schlug die Verlängerung oder Verkürzung von Liedzeilen vor, prägte einen Song mit der Komposition des Refrains, der eingängig, aber nie anbiedernd klang, und strahlte eine Freude an der Arbeit aus, die sich auf seinen Autor übertrug. Ich kann mich an keinen Moment der Disharmonie, Missstimmung oder Auseinandersetzung erinnern.«[16]

[15] Mit Horst Pillau realisiert Herbert Baumann etliche gemeinsame Arbeiten wie beispielsweise die Theaterstücke *100.000 Taler* (Schauspielhaus Hansa-Berlin) und *Der eingebildete Kranke* (nach Molière, Kreuzgangspiele Feuchtwangen) oder den TV-Film *Ein Fall von Zuneigung.*

[16] Pillau, 1995, S. 93.

Sein fröhliches Wesen, sein gesunder Optimismus und seine offene Art sind sicher mit verantwortlich für Baumanns Erfolg im Theaterbetrieb. Aber in erster Linie weiß er mit seiner Musik zu begeistern. Diese zeigt sich vielseitig, mit einem Hang zum Außergewöhnlichen. Exotische Kammermusikbesetzungen, verschiedenste Musikstile, Barock, Jazz oder spanische Folklore – immer hat seine Musik das gewisse Etwas.[17]

Bis 1953 bleibt Baumann dem Deutschen Theater Berlin treu. In dieser Zeit entstehen viele Bühnenmusiken, unter anderem zu *Elektra* von Gerhart Hauptmann (1947, Regie: Heinz Wolfgang Litten) und *Romeo und Julia* von William Shakespeare (1947, Regie: Willi Schmidt). Es werden erfüllende Jahre für Baumann: »Wenn dann die Aufführungen waren, musste ich jeden Abend dabei sein. Es gab ja noch kein Tonbandgerät. Jeden Abend ging der Vorhang auf, da musste ich jedes Mal dirigieren – aber: herrlich!«

Baumanns Aufgaben beschränken sich jedoch nicht nur auf den normalen Theaterbetrieb: »Wir haben auch Musik für die Trümmerfrauen gemacht, um diese aufzumuntern.«

Wie Baumann, der schon als Student steineschleppend beim Aufbau der Universität helfen musste, beseitigen nach Kriegsende unzählige Frauen den Schutt in den ausgebombten deutschen Städten. Oft mit den bloßen Händen sortieren sie Steine, klopfen Mörtel von Ziegelsteinen, schichten Stein auf Stein und entfernen unbrauchbaren Trümmerschutt. Eine Knochenarbeit, die von Baumann und den Theatermusikern auf besondere Weise unterstützt wird: »Ich habe ein paar Bläser aus dem Orchester mitgenommen, dann haben wir im Freien gespielt, wo die Frauen Steine aufgesammelt und saubergemacht haben. Wir haben vor allem leichte, unterhaltsame Musik gespielt, als Aufmunterung, Dank und Motivation.«

[17] Vgl. Messmer, 1995, S. 21.

Privates Glück

Sieh mal, Mariannchen, das sind wir!« Herbert Baumann zeigt auf eine Schwarz-Weiß-Aufnahme aus dem Jahr 1951. Seine Frau Marianne lächelt beim Anblick ihres alten Hochzeitsfotos. 61 Jahre sind die beiden nun, im Jahr 2012, verheiratet, und die große Verbundenheit zwischen ihnen spürt man bei jeder kleinen Geste, jedem Wort, das die beiden wechseln. Kennengelernt haben sie sich, wie sollte es anders sein, am Theater. »Nun erzählst du aber erst mal deine Geschichte, Marianne«, meint Herbert Baumann, und Marianne beginnt:

»Im Jahre 1899 wurde mein Vater Julius Brose junior geboren. Er entstammte einer äußerst wohlhabenden Familie, mein Großvater Julius Brose senior führte damals eine florierende Schifffahrtslinie zwischen Potsdam und Berlin.« [18]

Diese Schifffahrtslinie dehnt Julius Brose senior durch Überlandtransporte und Schifffahrt auf Elbe und Oder weiter aus. Das Geschäft läuft hervorragend. Julius Brose senior erwirbt eine große Segeljacht, die einst dem schwedischen König gehörte, die Familie unternimmt viele weite Reisen, sogar bis nach New York, Chicago und an die Niagarafälle. Julius Brose senior lebt großbürgerlich: Er ist nicht nur wohlhabend, er ist Millionär! »Mein Großvater war Mitglied bei den Pankgrafen, einem Verein etwa den Rotariern vergleichbar. Wohltätigkeit und Hilfsbereitschaft war hier die erste Devise.«

Geselligkeit wird im Hause Brose großgeschrieben, die Musik wird gepflegt, Julius Brose senior ist ein begabter Klavierspieler. Auch sein Sohn zeigt früh Talent – er ist sehr musikalisch und spielt nach kurzem Probieren jedes Instrument, das ihm in die Hände fällt. Zudem ist er ein Abenteurer, wie er im Buche steht: Mit 19 Jahren reißt er von zu Hause aus und fährt auf einem Kohledampfer nach Amerika. Dort verdient er seinen Lebensunterhalt in den verschiedensten Berufen, unter anderem als Gaucho[19] und als Lehrer. Er ergreift jede Tätigkeit, die sich ihm bietet, ist ein echter Lebenskünstler. Im Jahr 1927, Julius junior ist mitt-

[18] Marianne Baumann in einem Gespräch mit der Autorin. Für alle folgenden Zitate ohne Referenz gilt dasselbe.

[19] Eine Art südamerikanischer »Cowboy«.

lerweile wieder in Deutschland, heiratet er Erna Schmidt. Auch Erna kommt aus gut situiertem Hause. Ihr Vater Carl A. Schmidt besitzt eine Immobilienfirma und mehrere Häuser, darunter ein Ferienhaus im Riesengebirge. Aus dieser Ehe entstammen die Kinder Marianne (* 30. Januar 1930), Julius (* 1931) und Friedrich (* 1936).

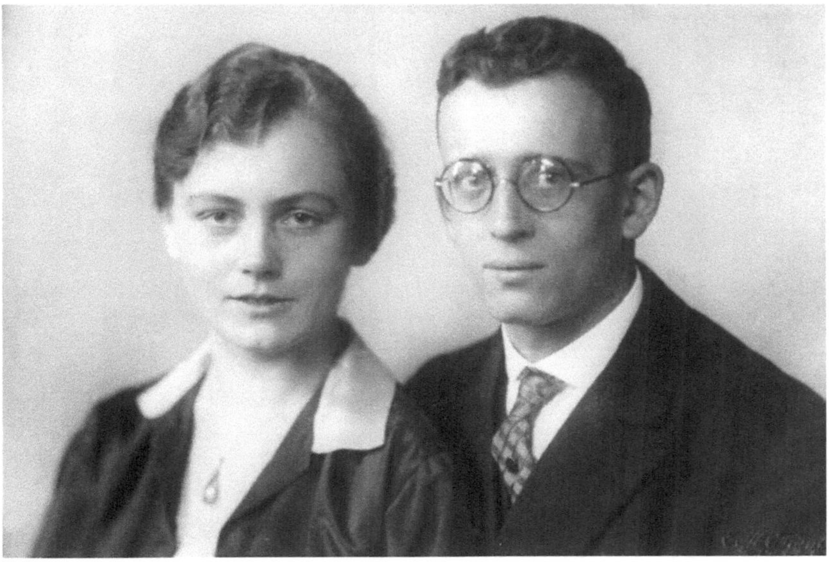

Erna Schmidt und Julius Brose junior, 1927.

Marianne Brose wächst in Potsdam auf, der Familienwohnsitz liegt in der Burgstraße 28/29. Wie Herbert Baumann verlebt sie eine glückliche Kindheit. Zusammen mit ihren zwei Brüdern spielt sie auf den Grundstücken der Familie. Diese geben eine wunderbare Umgebung für fantasievolle Kinder ab: Abgestellte Möbelwagen gibt es da, Kähne, die zum Be- und Entladen am Ufer vertäut sind, bilden die Kulisse für viele Abenteuer. Die Familie besitzt auch Pferde, die Ställe und Heuböden werden für allerlei wilde Spiele genutzt. »In die Speicher durften wir Kinder nicht. Heimlich haben wir uns dennoch hineingeschlichen, dort die Puderzuckersäcke angebohrt und den Zucker von den Fingern geleckt. Das war herrlich!«

Berufsbedingt leben die Broses nahe am Wasser, die Havel fließt nur wenige Meter vom Haus entfernt vorbei. Das birgt natürlich Gefahren: So lernt Marianne schwimmen, kaum dass sie laufen kann. Viel Zeit verbringt sie nicht nur im, sondern auch auf dem Wasser. Ihr Vater unternimmt mit der Familie oft Fahrten mit dem Motorboot zum familieneigenen Wohnzelt im »Himmelreich«, einem Zeltdorf im Wald, sowie Touren mit den Ruderbooten des »Vineta-Clubs«.[20]

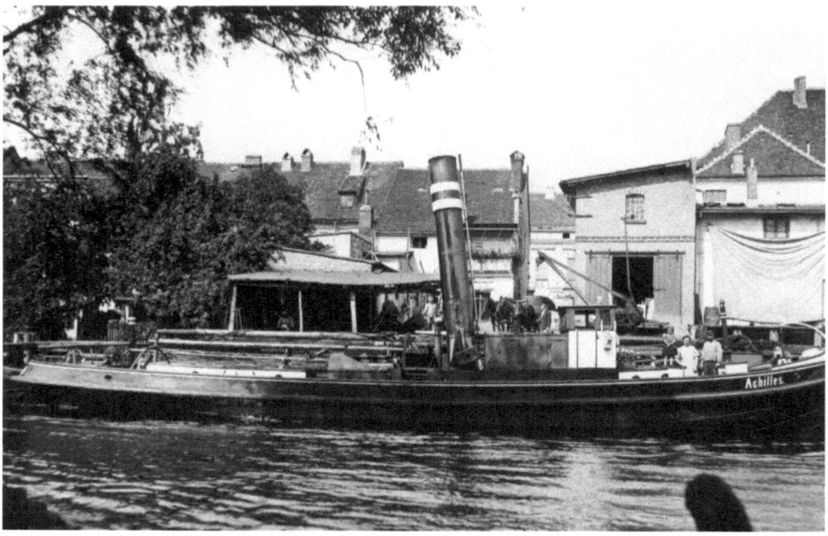

Grundstück der Familie Brose in Potsdam.

Der Ausbruch des Zweiten Weltkriegs und die Scheidung der Eltern 1940 bringen Veränderungen in Mariannes Leben. Die ersten Bomben fallen auf Berlin. Bei einem der Angriffe wird Marianne im Haus ihres Großvaters verschüttet: »Ein paar Frauen haben in Panik geschrien, aber ich fand das alles eher interessant. Ich war als Kind immer sehr neugierig – das bin ich heute noch. Mich erschüttert so leicht nichts. Die Männer haben dann den Notausgang freigeschaufelt und wir konnten ins Freie.«

[20] Der RC-Vineta ist der erste Ruderclub Potsdams. Er wird am 3. Mai 1893 gegründet. Vgl. http://www.pnn.de/regionalsport/19131/

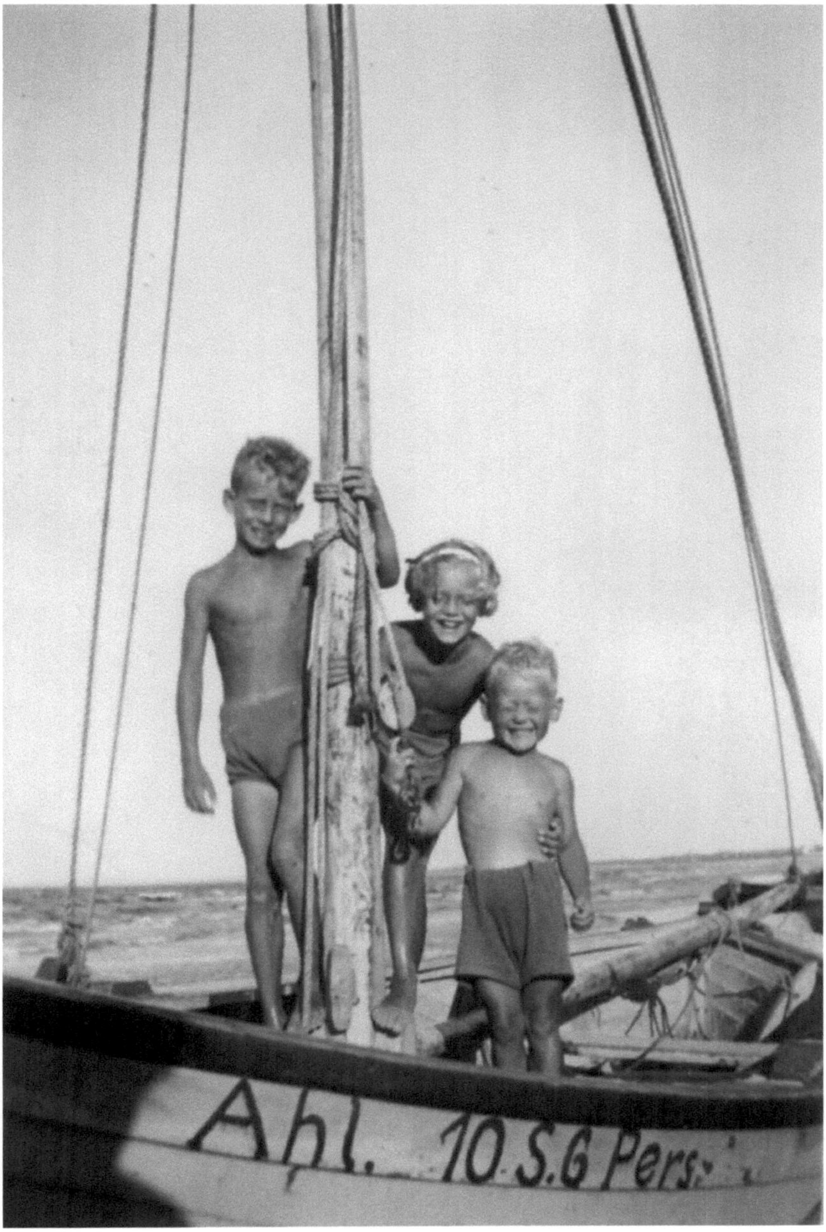

Julius, Marianne und Friedrich Brose, 1939.

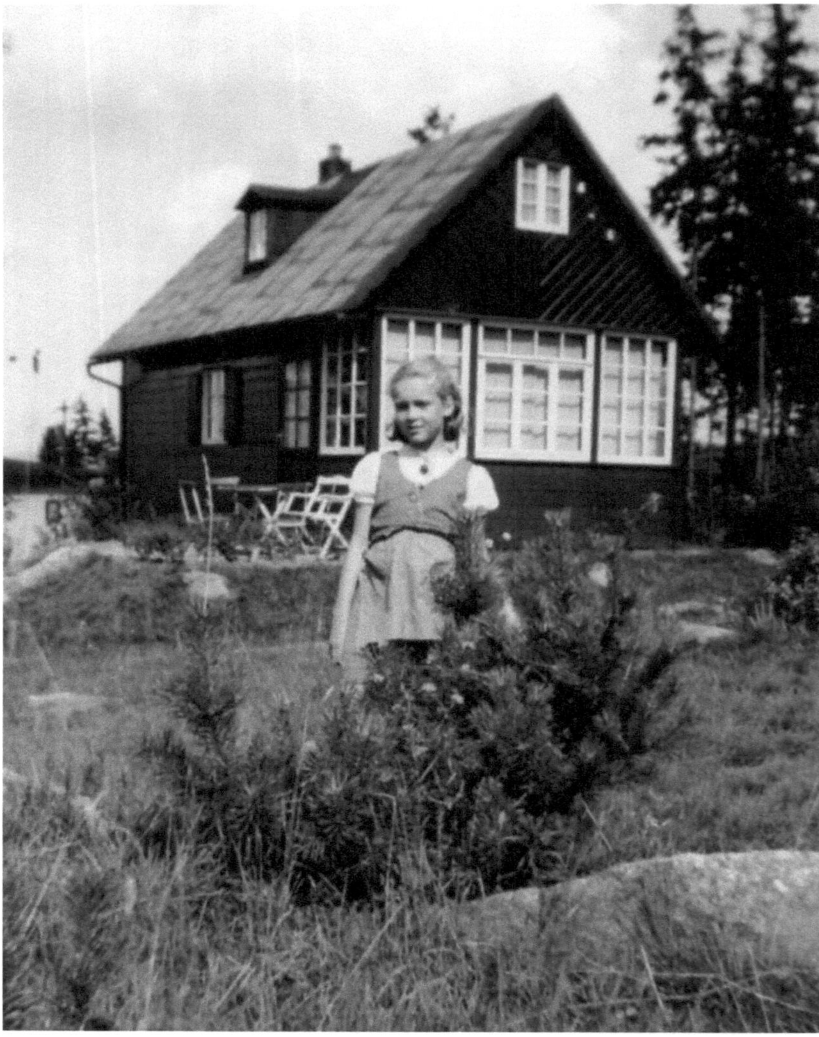

Marianne Brose vor dem Ferienhaus in Steinseifen im schlesischen Riesengebirge, 1940.

Als die Luftangriffe der Alliierten zunehmen, wird es den Broses zu unsicher in Berlin. Einen Großteil der Kriegsjahre verbringt Marianne daher in Großvater Schmidts Ferienhaus in Steinseiffen (heute: Ścięgny), nahe der Schneekoppe im schlesischen Riesengebirge. Eine herrliche Gegend, die wilde Natur bietet den Kindern eine seltene Freiheit. Recht abenteuerlich gestaltet sich Mariannes Schulweg: »Meine Schule befand sich in Hirschberg, dem heutigen Jelenia Góra in Polen. Zeitig verließ ich das Haus, damit ich nach einer halben Stunde Fußweg pünktlich den Bahnhof erreichte. Dort traf ich meine Mitschüler. Die Zugfahrt dauerte etwa 30 Minuten, zur Schule hatten wir dann noch 20 Minuten zu laufen. Somit war ich alleine für den einfachen Weg eineinhalb Stunden unterwegs! Wir hatten immer nachmittags Unterricht, da am Vormittag die Schule von einheimischen Schülern genutzt wurde. Mein Heimweg war vor allem im Winter abenteuerlich: Von Krummhübel aus musste ich über eine mit Bäumen bewachsene Straße gehen, die anderen Wege waren vom Schnee zugeweht – unpassierbar. Oft bin ich erst spät in der Nacht daheim angekommen, ohne dass ich einer Menschenseele begegnet bin. Diese einsamen Heimwege bei Mondschein waren sehr romantisch. Nie werde ich sie vergessen!«

Das Riesengebirge bietet ein optimales Rückzugsgebiet für Mariannes Familie – bis kurz vor Kriegsende: Die russischen Truppen rücken näher, die Flucht wird unausweichlich. Erst geht es zurück nach Berlin. Als die russische Front nach Berlin vorrückt, flieht Erna Brose mit ihren Kindern nach Westen.

»Mit der Eisenbahn ging es los. Plötzlich ein Luftangriff! Wir liefen weg vom Zug und verbargen uns im Wald. Bald konnten wir weiterfahren, bis der Zug erneut stehen bleiben musste, weil die Gleise zerstört waren. Weiter zu Fuß, dann mit mehreren Zügen, unterbrochen von weiteren Luftangriffen, landeten wir nach Tagen in Scheidegg, nicht weit vom Bodensee. In der Nähe wurden wir in einem kleinen Dorf einquartiert.«

Während Herbert Baumann als Kriegsheimkehrer große Unterstützung in der Bevölkerung findet,[21] erlebt Mariannes Familie – wie ein großer Teil der deutschen Flüchtlinge – in den letzten Kriegstagen Diskriminierung, Hunger, Kälte und Not: »Wir wurden bei Bauern als Flüchtlinge untergebracht, dort bekamen wir zu viert *ein* Zimmer zugewiesen. Wir waren dort nur geduldet, nicht willkommen. Die Familie gönnte uns nichts. Natürlich durften wir die Küche benutzen.

[21] Vgl. Kapitel »Ein langer Weg zurück«, S. 21–23.

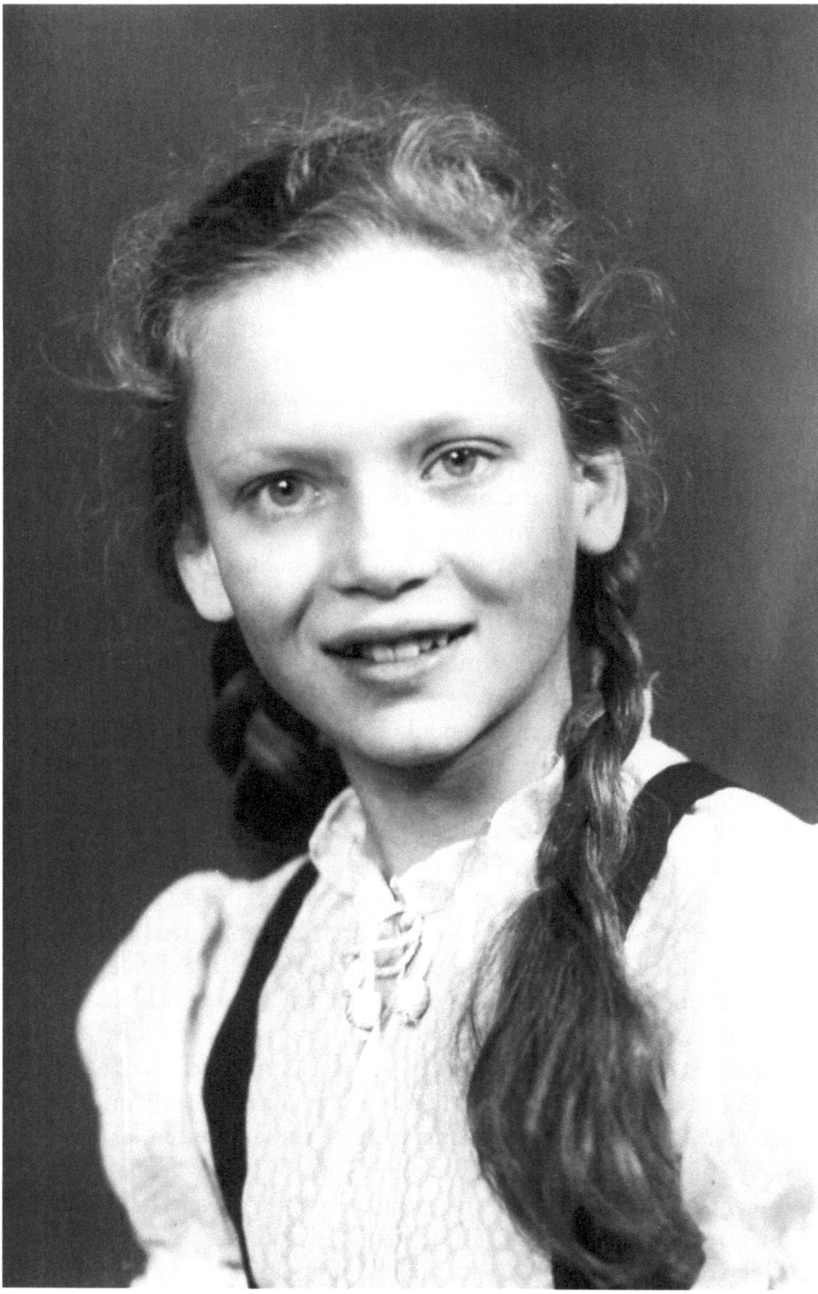

Marianne Brose als junges Mädchen, 1943.

Früher ließ man ja das Fett nach dem Braten immer in der Pfanne. Wir freuten uns, wenn wir darin unsere Kartoffeln braten konnten. Als die Leute das sahen, haben sie fein säuberlich das Fett aus der Pfanne gewaschen, damit wir nur nichts davon bekamen.«

Die letzten Wertsachen, die Erna Brose aus Berlin mitnehmen konnte, vergräbt sie an einem, wie sie glaubt, sicheren Ort, doch umsonst. Alles nehmen diese Leute an sich, auch das Tafelsilber. Erna Brose sucht ihre Habe nach Kriegsende vergeblich, es ist alles verschwunden.

Am 8. Mai 1945 kapituliert Deutschland bedingungslos, der Krieg ist vorbei. Scheidegg wird Teil der französischen Besatzungszone: »Die französischen Soldaten waren sehr nett. Mit den jüngeren Franzosen haben wir Kinder viel zusammen gemacht, sie haben uns auch ein paar Worte auf Französisch beigebracht.«

Als es etwas ruhiger und geordneter in Deutschland wird, fährt Mutter Erna alleine nach Berlin. Sie will sehen, wie viel des Familiensitzes zerstört wurde, wer noch am Leben ist, wie es ihren Verwandten geht. Die drei Kinder bleiben unterdessen in Scheidegg in einem Sanatorium. Was Erna Brose vorfindet, ist erschütternd: 1945, im letzten Kriegsjahr, wurde der Familienwohnsitz der Broses in Potsdam von Fliegerbomben zerstört. Später wird er abgerissen und nicht wieder aufgebaut. Heute befindet sich auf dem Grundstück eine Parkanlage. Auch die Wohnung im Haus des Großvaters in Berlin, in der Erna Brose zuletzt wohnte, liegt in Schutt und Asche. Die Familie hat alles verloren. Doch sie sind mit dem Leben davongekommen, und das zählt.

Nach Rückkunft ihrer Mutter werden Marianne und Julius schließlich bei Bauern untergebracht. Julius hat Glück, bei seiner Gastfamilie muss er wenig arbeiten und wird gut versorgt. Marianne dagegen muss hart arbeiten im Haushalt und auf dem Feld. »Am Abend bin ich regelmäßig angezogen aufs Bett gefallen und sofort eingeschlafen, ich war einfach zu müde, um mich auszuziehen«, erinnert sich Marianne.

1946 kann die Familie endlich zurück nach Berlin. Zunächst kommen Marianne und ihre Geschwister bei Vater Julius Brose junior unter, bis Mutter Erna eine neue Wohnung gefunden hat. Nun haust sie mit ihren drei Kindern in einem Zimmer in Berlin-Zehlendorf. Sie schlafen in Stockbetten, die Mahlzeiten werden auf einem kleinen Kanonenofen zubereitet. Erna, in den 20er-Jahren als Sekretärin im Deutschen Reichstag tätig, findet nun Arbeit als Zeitungsausträgerin. Später wird sie Leiterin der Zehlendorfer Filiale des »Telegraph«, einer Berliner Tageszeitung. Marianne und ihr Bruder Julius tragen morgens vor Schulbeginn Zeitungen aus.

Vor dem Krieg waren die Broses Millionäre, nun sind sie arm, wie so viele in Nachkriegsdeutschland. Marianne nimmt die neue Situation gelassen auf: »Mich hat die plötzliche Armut nicht so hart getroffen, Geld hatte für mich noch nie eine große Bedeutung. Wenn ich Geld habe, gebe ich es aus, wenn ich keins habe, dann kaufe ich mir eben nichts. Man muss aus jeder Situation das Beste machen«, erzählt sie.

Marianne besucht nun die Droste-Hülshoff-Schule in Berlin, eine der zahlreichen Schulen in ihrer Kindheit. Durch die vielen Umzüge

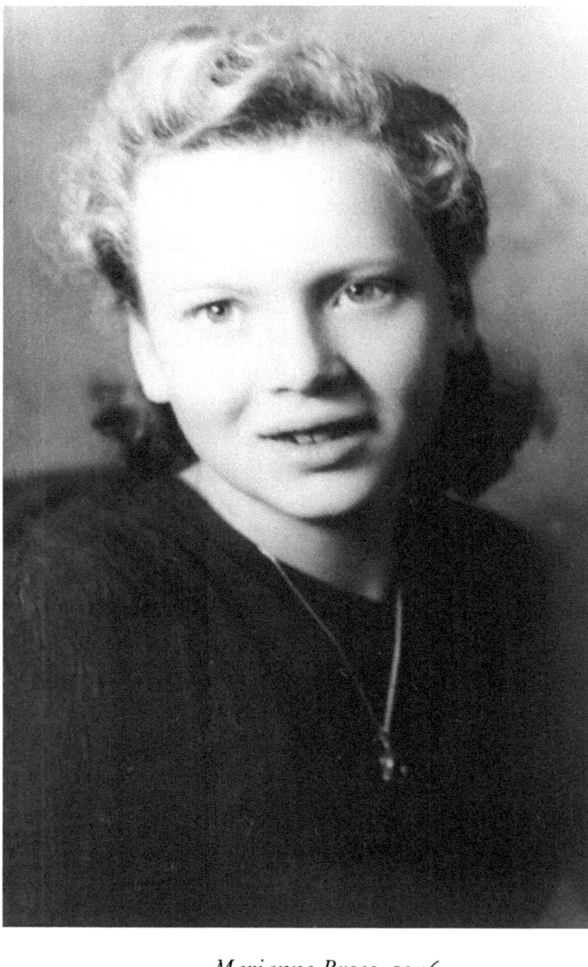

Marianne Brose, 1946.

während der Kriegsjahre ist sie nie lange an einem Ort, in zehn Jahren besucht sie elf verschiedene Schulen! Dadurch lernt sie »vieles doppelt und dreifach, anderes dafür überhaupt nicht«.

Ein Gutes haben diese Umzüge jedoch auch: Marianne kann sich den Jugendorganisationen der Nationalsozialisten entziehen. Sie wird, obwohl der Beitritt ab 1936 verpflichtend ist, nie Mitglied bei den »Jungmädeln« beziehungsweise dem »Bund Deutscher Mädel«.[22]

An der Droste-Hülshoff-Schule entdeckt Marianne ihre Leidenschaft für das Theater. Bei einer Ballettaufführung des »Tanzchors Irene Hennig« dürfen einige Schülerinnen hinter der Bühne im Chor singen, auch Marianne. Das Tanzen fasziniert sie: »Da war mir sofort klar – ich gehe nicht mehr zur Schule, ich gehe zu Irene Hennig in die Tanzschule!«

Diesen Entschluss fasst Marianne im Jahr 1947, sie ist nun 17 Jahre alt und zu einer hübschen jungen Frau herangewachsen. Der »Tanzchor Irene Hennig« wirkt zu dieser Zeit bei einigen Aufführungen der Freilichtbühne am Waldsee mit, die zu Mariannes zweitem Zuhause wird: »Hier entdeckte ich meine Leidenschaft für das Theater. Es fing für mich ein neues Leben an! Zu Hause war ich fast nur noch zum Schlafen. Auf der Bühne wirkte ich anfangs in der Statisterie mit und spielte kleine Rollen, später große. Um meine Ausbildung an der Schneider-Wienecke-Schauspielschule zu finanzieren, habe ich die Betreuung des Fundus übernommen. Ich war zuständig für das Ändern und Ausbessern der Kostüme und Ähnliches, zu einem Stundenlohn von einer Reichsmark!«

Und eben dort, an der Freilichtbühne am Waldsee in Berlin, übernimmt Herbert Baumann schon während seines Studiums die musikalische Leitung. Marianne fällt ihm sofort ins Auge: »Als ich sie als Dornröschen sah, war ich sofort hin und weg. Sie sah zauberhaft aus.«

Marianne spielt auch die Perdita in Shakespeares *Ein Wintermärchen* – so erfolgreich, dass Boleslaw Barlog, Intendant der Städtischen Berliner Bühnen,[23] sie sofort ans Schlossparktheater holt.

[22] Am 1. Dezember 1936 tritt das »Gesetz über die Hitlerjugend« in Kraft, dadurch wird die bis dahin formell freiwillige Mitgliedschaft im Bund Deutscher Mädel (BDM) verpflichtend. Die Hitlerjugend (HJ) bildet die übergeordnete Organisation, unter der alle deutschen Jugendlichen zusammengefasst werden. Der BDM wird für die deutschen Mädchen zum dritten Erziehungsfaktor neben Schule und Elternhaus erklärt. Der BDM ist untergliedert in den Jungmädelbund (JM, 10 bis 13 Jahre) und den Bund Deutscher Mädel (14 bis 17 Jahre). Vgl. http://www.dhm.de/lemo/html/nazi/innenpolitik/bdm/

[23] Ab 1950 Staatliche Schauspielbühnen Berlin, vgl. Fußnote 29.

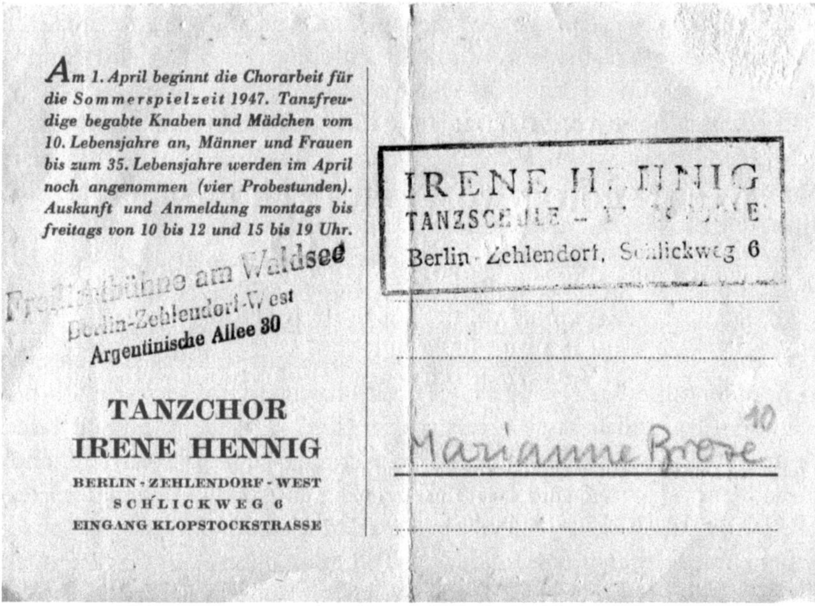

Am 1. April beginnt die Chorarbeit für die Sommerspielzeit 1947. Tanzfreudige begabte Knaben und Mädchen vom 10. Lebensjahre an, Männer und Frauen bis zum 35. Lebensjahre werden im April noch angenommen (vier Probestunden). Auskunft und Anmeldung montags bis freitags von 10 bis 12 und 15 bis 19 Uhr.

Freilichtbühne am Waldsee
Berlin-Zehlendorf-West
Argentinische Allee 30

TANZCHOR
IRENE HENNIG
BERLIN - ZEHLENDORF - WEST
SCHLICKWEG 6
EINGANG KLOPSTOCKSTRASSE

IRENE HENNIG
TANZSCHULE
Berlin-Zehlendorf, Schlickweg 6

Marianne Brose 10

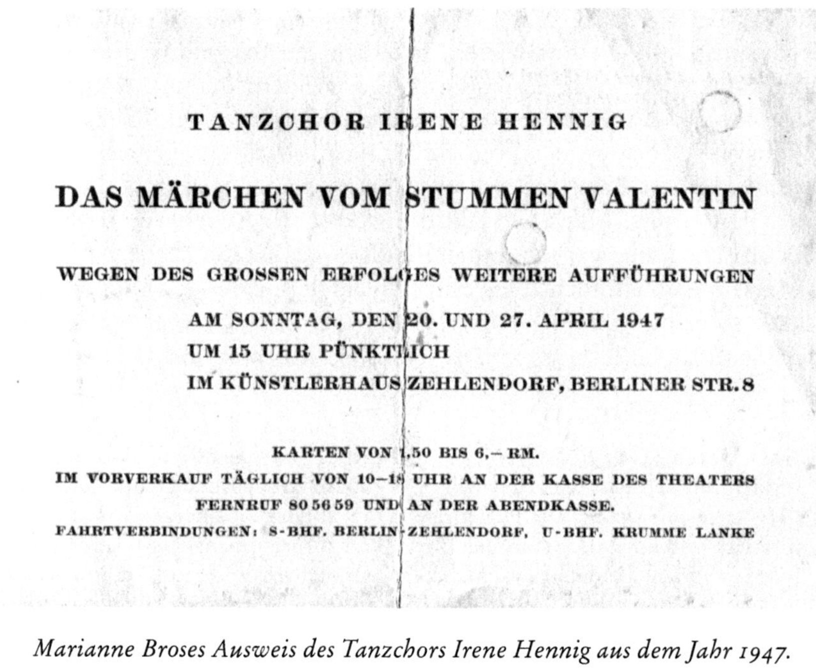

TANZCHOR IRENE HENNIG

DAS MÄRCHEN VOM STUMMEN VALENTIN

WEGEN DES GROSSEN ERFOLGES WEITERE AUFFÜHRUNGEN
AM SONNTAG, DEN 20. UND 27. APRIL 1947
UM 15 UHR PÜNKTLICH
IM KÜNSTLERHAUS ZEHLENDORF, BERLINER STR. 8

KARTEN VON 1,50 BIS 6,– RM.
IM VORVERKAUF TÄGLICH VON 10–18 UHR AN DER KASSE DES THEATERS
FERNRUF 80 56 59 UND AN DER ABENDKASSE.
FAHRTVERBINDUNGEN: S-BHF. BERLIN-ZEHLENDORF, U-BHF. KRUMME LANKE

Marianne Broses Ausweis des Tanzchors Irene Hennig aus dem Jahr 1947.

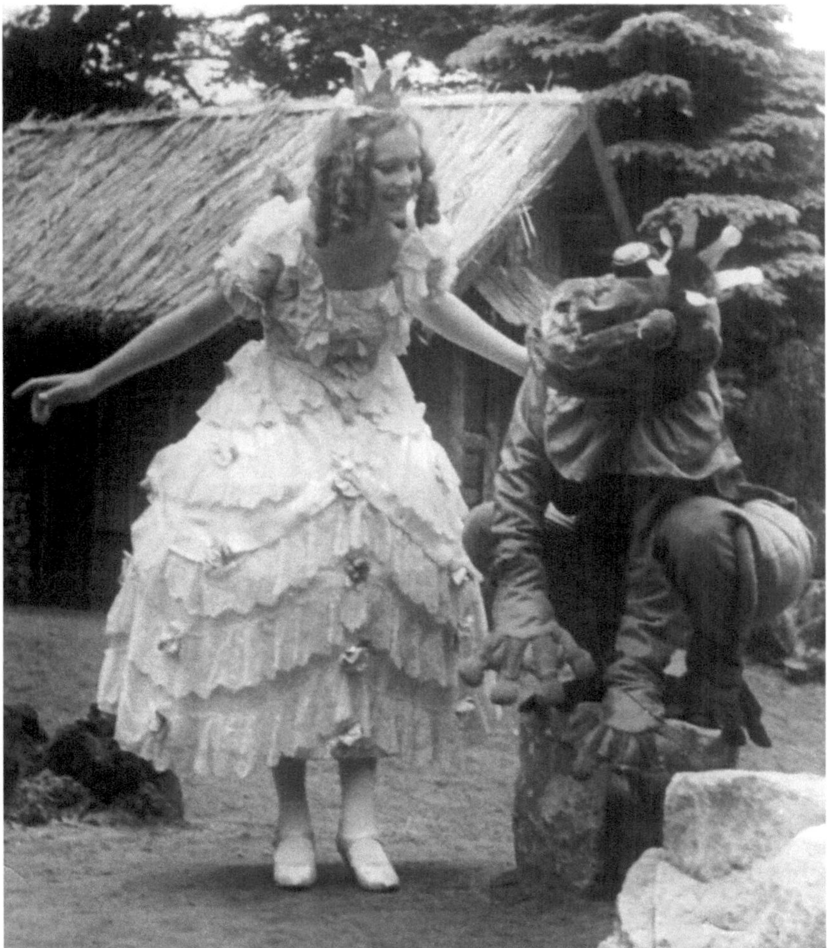

Marianne Brose als Dornröschen, 1947.

Als Herbert Baumann schließlich am Deutschen Theater Berlin angestellt ist, treffen sich die beiden nach einer Vorstellung auf dem Nachhauseweg. Baumann fasst sich ein Herz und bittet Marianne, sie nach Hause begleiten zu dürfen. Beide haben dieselbe S-Bahn-Linie und Herbert Baumann steigt nicht wie sonst am Bahnhof Botanischer Garten aus, sondern fährt mit Marianne Brose bis Zehlendorf.[24] Von da an treffen die beiden sich regelmäßig.

»Herbert wollte mit mir während der Mittagspause spazieren gehen. Er hatte damals knallrote Haare, ein anderer Schauspieler auch! Und diese beiden waren verliebt in mich. Ich bin mal mit dem einen, mal mit dem anderen spazieren gegangen, habe beide zu meiner Mutter nach Hause gebracht und vorgestellt. Bei Herbert sagte sie: ›Den kannst du heiraten!‹ Ich habe mich schließlich auch für Herbert entschieden«, erinnert sich Marianne. Es ist der Anfang einer großen Liebe, die stetig wächst.

Herbert Baumann erzählt aus ihrer ersten gemeinsamen Zeit: »Neben meiner Anstellung als Leiter der Bühnenmusik hab ich am Deutschen Theater allgemeine Musikkunde gelehrt. Die gleichen Fächer, nämlich Musikgeschichte und Formenlehre, hab ich auch an der Schneider-Wienecke-Schauspielschule unterrichtet, und zwar ohne Honorar. Dafür durfte Marianne dort kostenlos Schauspielunterricht nehmen. So was macht man natürlich gerne, wenn einem ein Mensch sehr viel bedeutet.«

Seine Liebe zu Marianne inspiriert Herbert Baumann zu einer kleinen Komposition, er schreibt 1950 für sie ein kleines Wiegenlied. Später, viel später werden daraus die *Wiegenlied-Variationen für Violine und Klavier (oder für 2 Hackbretter und 1 Bassinstrument oder Mandoline und Klavier)* (2000) entstehen.

Herbert und Marianne unternehmen gemeinsam romantische Ausflüge: Sie spazieren nachts um den Schlachtensee und baden dort im Dunkeln, ein geradezu frivoles Vergnügen für ein unverheiratetes Paar zur damaligen Zeit. Nach den Theatervorstellungen fährt Herbert mit dem Fahrrad abends zu Mariannes Wohnung, sie erwartet ihn schon am Balkon: »Ich habe eine Rose aus Großmutters Garten zu ihm hinuntergeworfen, ein bisschen Romeo und Julia, nur natürlich mit einem glücklicheren Ausgang!«, lächelt Marianne.

[24] Vgl. Messmer, 1995, S. 19.

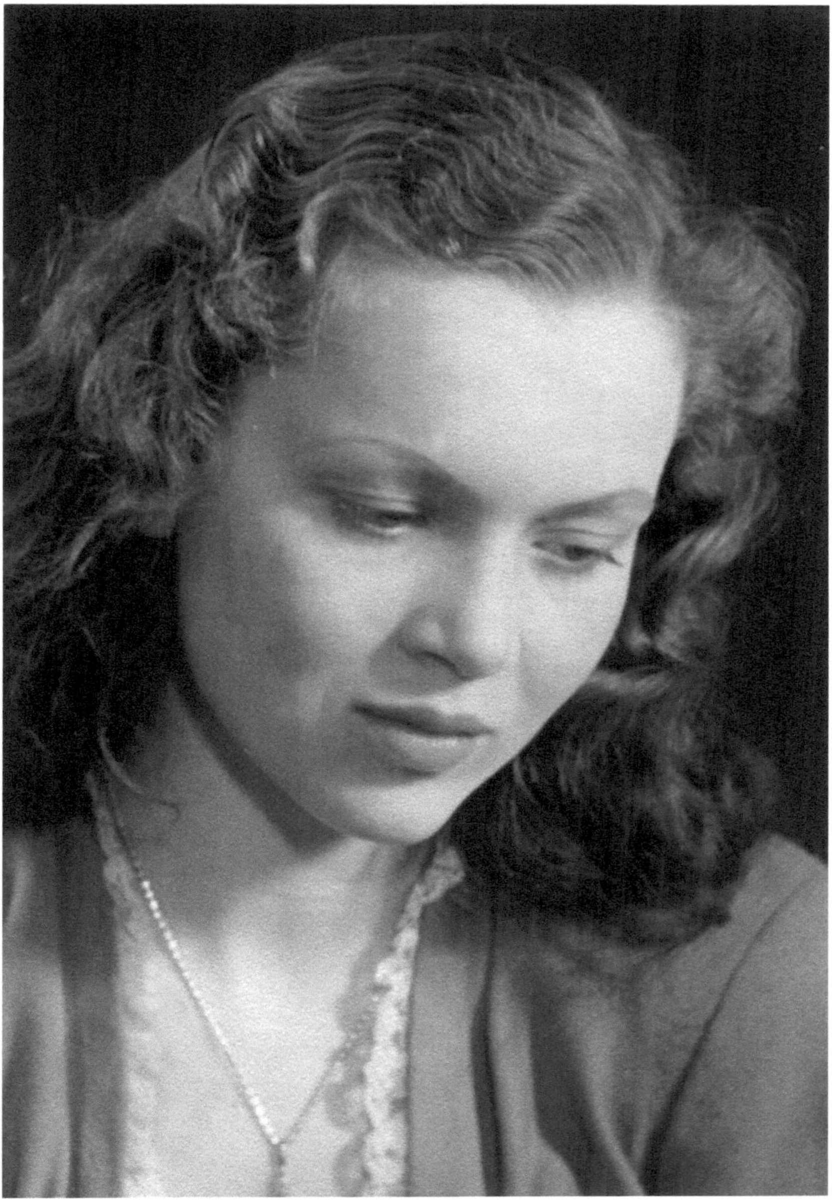

Marianne Brose als junge Frau, 1949.

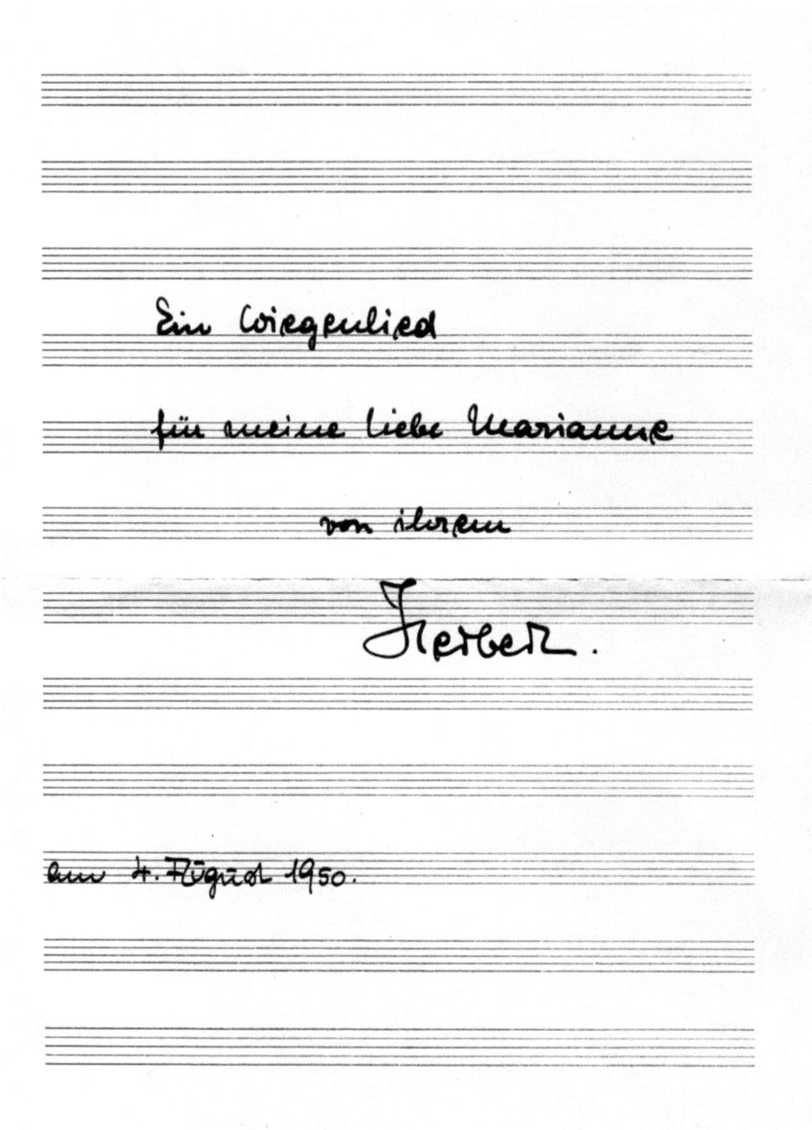
Ein Wiegenlied

für meine liebe Marianne

von ihrem

Herbert.

am 4. August 1950.

Ein Wiegenlied für Marianne: Titelblatt und Notentext in Herbert Baumanns Handschrift.

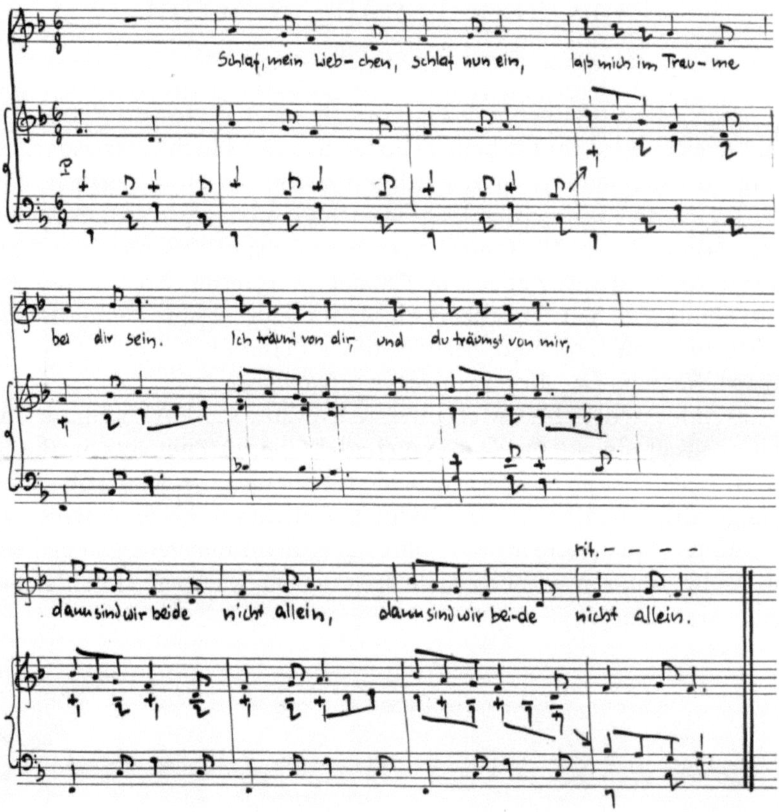
Schlaf, mein Lieb-chen, schlaf nun ein,
laß mich im Trau-me
bei dir sein.
Ich träum' von dir, und du träumst von mir,
rit.
dann sind wir beide nicht allein,
dann sind wir bei-de nicht allein.

Eine junge Familie in Berlin

Am 22. März 1951 heiraten Marianne Brose und Herbert Baumann. Gefeiert wird im Rathaus Schöneberg. Die Hochzeitsreise, Karfreitag bis Ostermontag 1951, wird, wie schon das Hochzeitsfest, von Vater Baumann ausgerichtet. Es geht nach Hamburg, wo es in Strömen regnet – ohne Pause. Nicht nur wegen des unglaublich schlechten Wetters sind die beiden vor allem im Theater anzutreffen. So sehen sie etwa im Deutschen Schauspielhaus Hermann Sudermanns Komödie *Die Schmetterlingsschlacht* und erleben in der Hamburgischen Staatsoper Richard Wagners *Die Meistersinger von Nürnberg.*

Währenddessen richtet Mariannes Großvater Carl A. Schmidt für das junge Paar eine kleine Wohnung in der Charlottenburger Straße 19 in Berlin-Zehlendorf her, die die beiden schließlich beziehen. Sie leben auf engem Raum, alles ist notdürftig, vor allem die Küche: »Ich hatte nur eine Kochplatte, aber die reichte auch, denn meistens gab es Eintopf. Mehr konnten wir uns nicht leisten, wir waren wirklich arm«, erzählt Marianne.

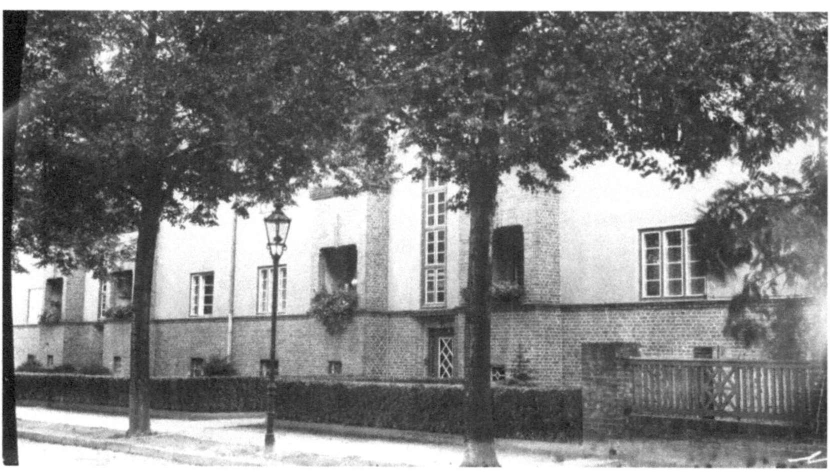

Herbert und Marianne Baumanns erste eigene Wohnung in der Charlottenburger Straße 19 in Berlin-Zehlendorf.

Das Familienglück lässt nicht lange auf sich warten: Am 2. November 1951 wird ihr Sohn Michael geboren. Hans-Peter folgt 15 Monate später, am 29. Januar 1953. Um sich ganz ihren Kindern widmen zu können, verzichtet Marianne auf eine Karriere als Schauspielerin. »Einer am Theater ist genug!«, bekräftigt sie ihren Entschluss.

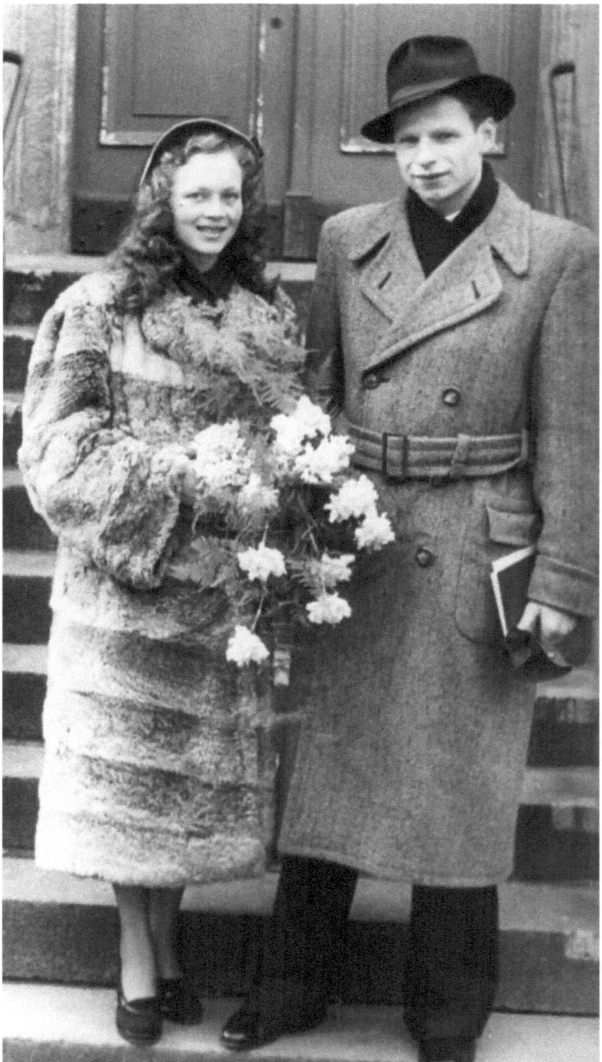

Marianne und Herbert Baumann bei ihrer standesamtlichen Hochzeit 1951.

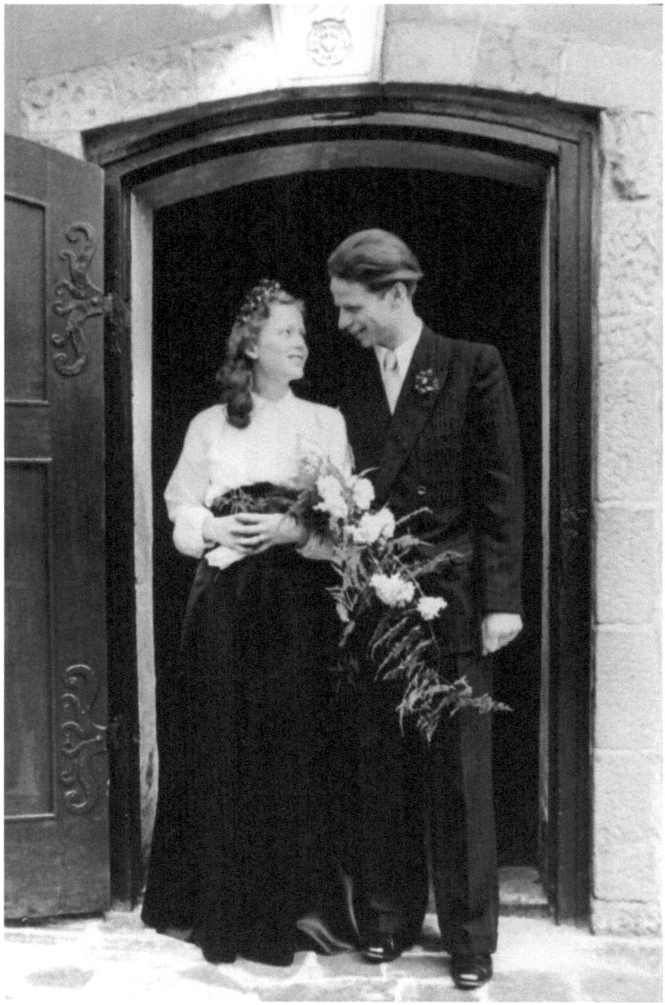

Kirchliche Hochzeit am 31. März 1951 in der alten Dorfkirche Berlin-Lichterfelde.

Die kleine Familie lebt notgedrungen bescheiden: Das Deutsche Theater Berlin liegt im russischen Sektor, Baumanns wohnen jedoch in Westberlin. Herbert Baumanns Gehalt wird in Ostmark ausgezahlt. Damit kann man in Westberlin jedoch nicht zahlen, erst muss in Wechselstuben umgetauscht werden. Für sieben Ostmark gibt es eine

Westmark. Nach Abzug der Miete bleibt daher nicht viel übrig zum täglichen Leben: Die meisten Einkäufe erledigt Marianne Baumann in Ostberlin, um über die Runden zu kommen.[25] »Wir mussten wirklich sparen. Eine Banane oder Apfelsine konnten wir uns nur selten leisten, das waren damals Kostbarkeiten! Wir haben das Obst dann geteilt, jedes Kind bekam je eine Hälfte«, erinnert sich Herbert Baumann. Zum Glück haben seine Eltern einen großen Garten mit Obstbäumen, die reichlich Früchte tragen. Körbe voller saftiger Äpfel holt Marianne von dort, einmal sind es so viele, dass ihr Fahrrad unter der Last zusammenbricht. »Gut, dass hinter mir, ebenfalls auf dem Fahrrad, ein Sanitäter fuhr, der konnte mich dann gleich verarzten. Die kleine Narbe über meinem Auge erinnert mich heute noch an diese Geschichte.«

Das Fahrrad ist auch für Herbert Baumann das wichtigste Fortbewegungsmittel: »Zur Arbeit bin ich immer mit dem Rad gefahren, so habe ich das Geld für die S-Bahn gespart.«

Die Armut großer Teile der deutschen Bevölkerung nach dem Krieg ist heute unvorstellbar. »Wir hatten ja alles im Krieg verloren! Am Anfang unserer Beziehung wollte mich Herbert einmal auf eine Generalprobe mitnehmen, da habe ich mir einen Rock und eine Bluse aus einer Gardine genäht. Auf dem Weg zum Theater haben wir noch an einem Geschäft angehalten und Herbert hat mir ein paar Schuhe für diesen Anlass gekauft«, erzählt Marianne.

Auch neue Bettwäsche müssen Baumanns im Osten kaufen, in Westberlin ist sie zu teuer. Ein nicht ganz einfaches Unterfangen: Zunächst muss Herbert Baumann eine Arbeitsbescheinigung des Deutschen Theaters Berlin besorgen, an einer anderen Stelle sich die Genehmigung, Bettwäsche zu kaufen und auszuführen, ausstellen lassen. So ausgerüstet fährt er nach Osttberlin, zum HO-Kaufhaus[26] am Alexanderplatz. Die Bettwäsche haben Marianne und Herbert schon zuvor ausgesucht, da sie jedoch nicht vorrätig war, sollten sie in der nächsten Woche wiederkommen. Nun zeigt Herbert Baumann an der Kasse seine Genehmigungen vor und darf endlich seine Bettwäsche einpacken. Mit der S-Bahn fährt er bis Steglitz, steigt aus und macht sich auf den Weg zum Schlossparktheater zu einer Probe. »Da wurde ich auf einmal hinausgewunken zu einem Polizeiauto, das war

[25] Vgl. Messmer, 1995, S. 23.

[26] HO = Handelsorganisation. Nahezu alle größeren und wichtigeren Geschäfte waren im russischen Sektor Kaufhäuser der Handelsorganisation.

vom Zoll. Ich habe gleich meine Ausfuhrbescheinigung hergezeigt, doch die Polizisten meinten nur: ›Das ist alles schön und gut, aber wo ist bitte Ihre Einfuhrgenehmigung?‹ Dass so etwas erforderlich war, war mir nicht bekannt! Die Polizisten haben also meine Bettwäsche beschlagnahmt. Meine Adresse musste ich angeben, ich sollte benachrichtigt werden, ob und wann und unter welchen Bedingungen sie wieder freigegeben wird. Nach 14 Tagen kam tatsächlich eine Nachricht vom Zollamt am Flughafen Tempelhof, und ich durfte unsere Bettwäsche endlich abholen.«

Eine Geschichte aus dem geteilten Berlin, wie man sie sich heute nicht mehr vorstellen kann.

Während Herbert Baumann am Theater das Geld verdient, widmet sich Marianne zu Hause vor allem den Kindern. Das Leben im geteilten Berlin ist oft umständlich und beschwerlich, das wenige Geld muss sie gut einteilen. Zum Glück hilft ihr der fünfjährige Hans-Peter beim Einkaufen: »Wenn wir zusammen am Markt waren, hat Hans-Peter immer alles billiger bekommen, weil er so niedlich war und einfach jeden um den Finger wickeln konnte. Ich gab ihm eine D-Mark und kurz darauf kam er mit einem ganzen Netz voller Apfelsinen zurück. Das hätte ich nie geschafft«, erinnert sich Marianne.

Baumanns geben sich große Mühe, ihre Kinder von Herberts Künstlerberuf abzuschotten, sie sollen ganz »normal« aufwachsen. Sie tun alles, um nicht in Zeitungen oder, noch schlimmer, in Klatschspalten zu kommen. Außergewöhnlich ist die Kindheit von Michael und Hans-Peter jedoch sehr wohl: Die beiden wachsen zweisprachig auf. Hans-Peter hat die Möglichkeit, auf die neu gegründete Deutsch-Amerikanische Gemeinschaftsschule in Berlin-Zehlendorf zu wechseln. Baumanns sprechen damals relativ gut Englisch, eine Voraussetzung für die Aufnahme an diese Schule, an der die meisten Lehrer ausschließlich auf Englisch unterrichten. Hans-Peter nennt sich seit dieser Zeit nur noch Peter, der Name Hans ist für viele der amerikanischen Lehrer einfach zu kompliziert auszusprechen. Zu Hause sprechen Herbert und Marianne seitdem sehr viel Englisch mit beiden Kindern. Später wird Peter davon sehr profitieren, als er nach Amerika auswandert.

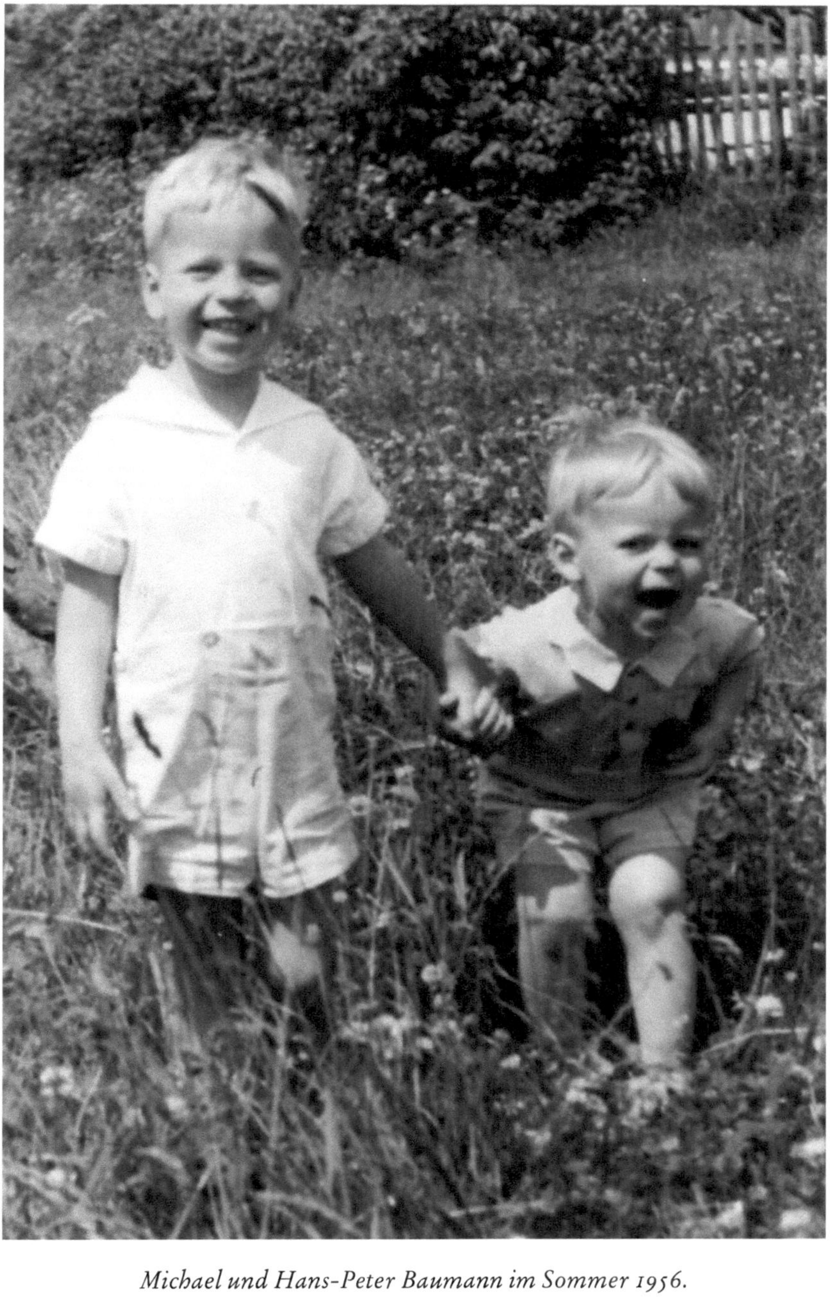

Michael und Hans-Peter Baumann im Sommer 1956.

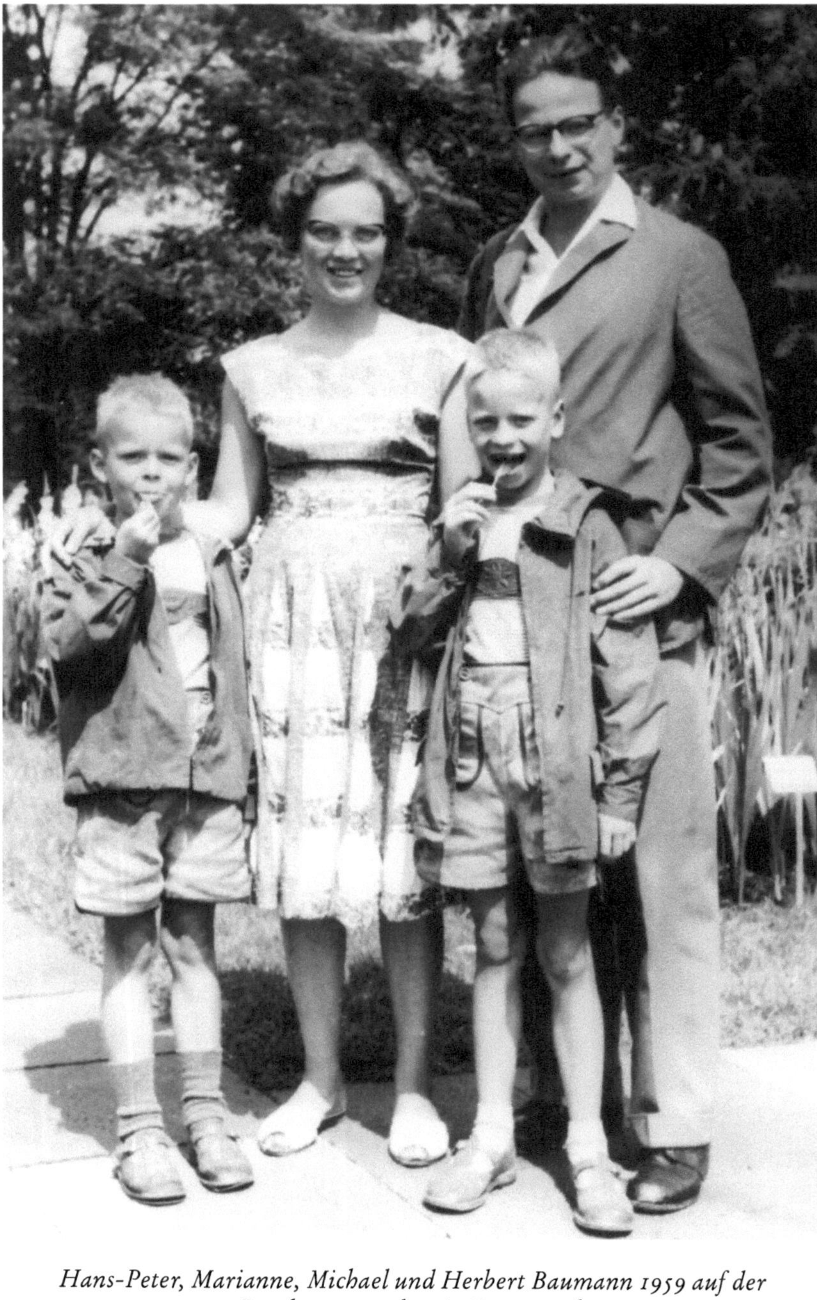

Hans-Peter, Marianne, Michael und Herbert Baumann 1959 auf der Bundesgartenschau in Dortmund.

Unbestechlich

Als Herbert Baumann im August 1947 seine Tätigkeit am Deutschen Theater Berlin beginnt, ist Berlin noch eins. Er erlebt die Teilung der Stadt, die Gründung der DDR und den Aufbau des Sozialismus in Ostberlin. Auch das Theaterleben bleibt davon nicht unbeeinflusst: »Das Deutsche Theater wurde ja immer kommunistischer. Und da gab es dann auch die entsprechenden Stücke. Mir lag es einfach nicht, dafür Musik zu machen.« Und so versucht Herbert Baumann geschickt, alle Stücke, die in eine gewisse politische Richtung gehen, an Kollegen zu vermitteln. Einmal soll er die Musik komponieren zur *Optimistischen Tragödie* von Wsewolod Wischnewski, ausgerechnet im Haus der Kultur der Sowjetunion. Natürlich empfiehlt er wieder einen Kollegen. »Das kann man einige Male machen, aber nicht auf Dauer. Dann sagt man: Was ist denn mit dem los?«

Baumann wird sogar für den Nationalpreis der DDR[27] vorgeschlagen – und verzichtet. Der vom DDR-Regime blutig niedergeschlagene Arbeiteraufstand am 17. Juni 1953[28] gibt ihm schließlich den Rest, die politischen Zustände sind für ihn nicht mehr zu ertragen. Und auch noch Musik zu Bühnenstücken schreiben zu müssen, die den Kommunismus und somit das DDR-Regime verherrlichen, ist Herbert Baumann zuwider. Er kündigt seine Anstellung am Deutschen Theater Berlin. So schnell möchte man ihn aber nicht gehen lassen, also versucht

[27] Der Nationalpreis der DDR ist eine ab dem 31. März 1949 bestehende Auszeichnung, die unter anderem für »hervorragende Werke und Leistungen auf den Gebieten der Kunst und Literatur« verliehen wurde. Die Verleihung erfolgte jährlich am »Tag der Republik«, dem 7. Oktober. Der Preis wurde in drei Klassen verliehen und war mit einem bis zu 100 000 Mark hohen Geldpreis verbunden.
Vgl. http://www.ddr-im-www.de/Themen/Auszeichnungen.htm#Nationalpreis sowie http://www.mdr.de/damals/archiv/artikel84882.html

[28] Der Arbeiteraufstand vom 17. Juni 1953 war die erste Massenerhebung im Machtbereich der Sowjetunion überhaupt. Die sowjetischen Stadtkommandanten verhängten in nahezu allen Städten und Landkreisen den Ausnahmezustand. Das sowjetische Militär schlug mit Hilfe der Volkspolizei den Aufstand schließlich blutig nieder. Vgl. http://www.17juni53.de/home/index.html

man, ihn zu ködern. Ein Haus in Berlin-Grünau könnte er haben, man fährt mit ihm zur Besichtigung und versucht, es ihm schmackhaft zu machen. »Aber an diesem Leim bin ich nicht kleben geblieben«, erzählt Baumann und ein verächtlicher Tonfall schwingt in seinen Worten mit.

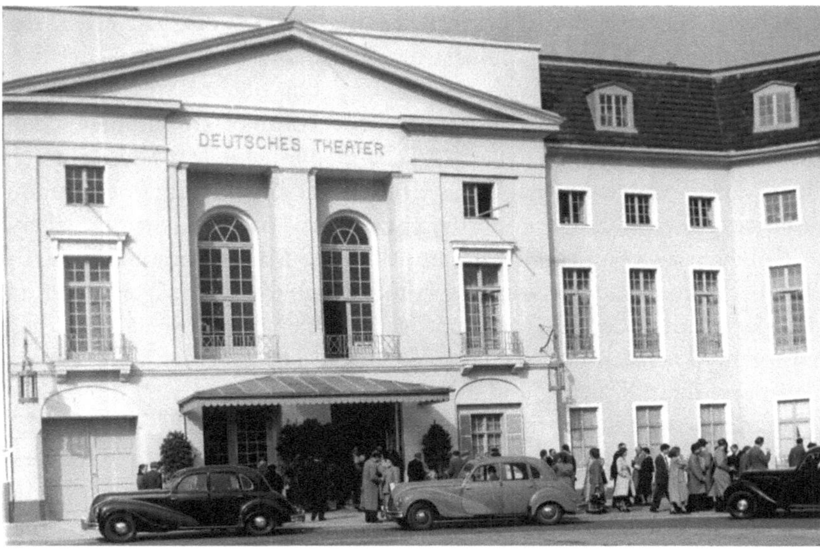

Deutsches Theater Berlin, 1953.

Von einer Arbeitsstätte in Ostberlin hat er genug, doch wohin nun? Wie es der Zufall so will, trifft Baumann auf der Straße Boleslaw Barlog, den Intendanten der Staatlichen Schauspielbühnen[29] in Westberlin. Die beiden kennen sich bereits, da Baumann schon zuvor gastweise am Schlossparktheater gearbeitet hat. Barlog fragt Baumann nach seinem Befinden und dieser schildert seine Situation: »Ich geh weg vom Deut-

[29] 1950 wurden mit dem Beschluss zum Wiederaufbau des 1943 bei einem Luftangriff zerstörten Schillertheaters in der Intendantenzeit von Boleslaw Barlog die Staatlichen Schauspielbühnen Berlin gegründet, denen neben dem Schillertheater als kommendem Haupthaus das Schlossparktheater in Steglitz, die Schiller-Theater-Werkstatt im Gebäude des Schillertheaters und das Ballhaus Rixdorf angehörten.

schen Theater, ich kann das nicht mehr mit dieser politischen Situation.« »Na, dann kommst du zu uns«, erwidert Barlog.

Dies ist der Beginn von Baumanns Engagement am Schiller- und Schlossparktheater. »Ich hatte zuvor schon als Gast am Schlossparktheater gearbeitet, 1949 schrieb ich die Bühnenmusik zu *Wallenstein* von Friedrich von Schiller. Das Schillertheater war damals noch nicht wieder aufgebaut. An meine ersten Aufträge in Festanstellung erinnere ich mich noch genau, das war am Schlossparktheater die Bühnenmusik zu *Wie es euch gefällt* von William Shakespeare, Regie führte Boleslaw Barlog. Am 18. September 1953 feierten wir Premiere. Meine erste Bühnenmusik am Schillertheater, *Antigone* von Sophokles / Hölderlin, Regisseur war Heinrich Koch, wurde am 31. August 1953 zum ersten Mal aufgeführt.«

Die politischen Zwänge der DDR lässt Baumann mit dem Engagement in Westberlin hinter sich, seine finanzielle Situation bessert sich jedoch nur allmählich.

Herbert Baumann verschickt indes eine Anzahl von Bewerbungsschreiben, er hofft auf eine besser bezahlte Stelle. Das bleibt der Verwaltung der Staatlichen Schauspielbühnen[30] Berlin wohl nicht verborgen und so wird sein Gehalt verdoppelt. Darüber hinaus wird die Stelle eines Assistenten geschaffen, der nun die Bedienung des Tonbandgeräts übernimmt, eine Aufgabe, die Baumann anfangs zusätzlich übernehmen musste.

Die Zeiten von materiellen Sorgen sind heute, im Herbst 2012, längst vorbei. Durch steten Fleiß und gute Arbeit hat es Herbert Baumann zu bescheidenem Wohlstand gebracht. »Nicht ganz unschuldig daran sind einige Aktien, die ich früh erworben habe. Ich bin eben nicht nur Musiker, sondern habe mich auch immer für die Wirtschaft und die Börse interessiert. Das musikalische Talent habe ich von meiner Mutter geerbt, das kaufmännische von meinem Vater«, schmunzelt er. Dass dieses wirtschaftliche Geschick ihm nun die Möglichkeit bietet, nicht nur finanziell sorgenfrei zu leben, sondern auch junge Musiker zu unterstützen,[31] das macht ihn »sehr, sehr glücklich«.

[30] Vgl. Fußnote 29.

[31] Vgl. Kapitel »Stiften – aber wie?«, S. 90–91.

Lehrjahre am Theater – Werke für den Konzertsaal

23 Jahre lang prägt Herbert Baumann das Theaterleben seiner Heimatstadt Berlin, erst durch sein Engagement am Deutschen Theater in Ost-, dann am Schiller- und Schlossparktheater in Westberlin. »Die ersten Jahre an diesen Theatern waren meine Lehrjahre, in jeder Beziehung. Ich konnte viel experimentieren, natürlich immer in einem gewissen Rahmen, den das jeweilige Theaterstück vorgab«, erzählt Baumann. In seiner Berliner Zeit arbeitet er mit vielen bedeutenden Regisseuren zusammen, wie Falk Harnack, Wolfgang Langhoff, Boleslaw Barlog, Erwin Piscator, Fritz Kortner, Hans Lietzau, Willi Schmidt, Leopold Lindtberg oder Ingmar Bergman.[32]

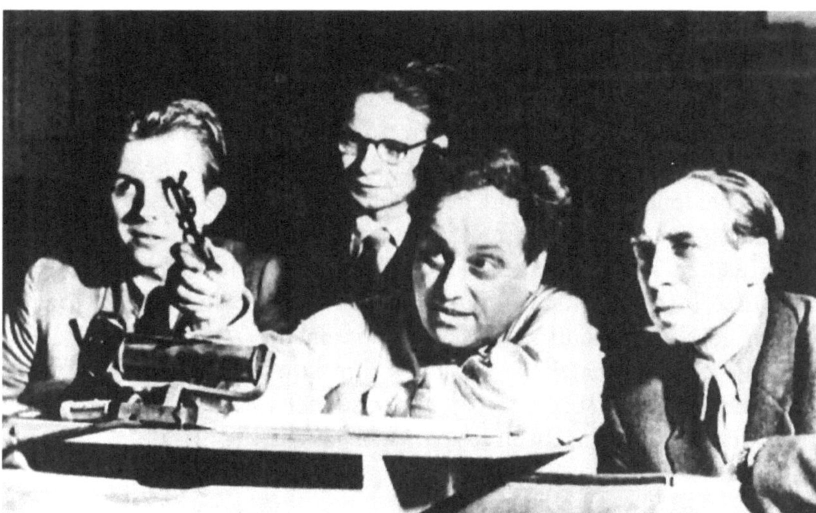

Als Teamplayer im Theater 1956 (von links: Hanno Lunin, Herbert Baumann, Boleslaw Barlog, Werner Kleinschmidt).

[32] Vgl. Messmer, 1995, S. 21.

Zusätzlich ist er als Gast an Theatern in ganz Deutschland und Europa tätig, am Thalia Theater Hamburg, am Münchner Residenztheater, am Württembergischen Staatstheater Stuttgart, am Wiener Burg- und Akademietheater oder dem Schauspielhaus Zürich, um nur einige zu nennen. Als Bühnenmusiker ist Baumann sehr gefragt, seine Musik wird nicht nur vom Publikum geliebt, sondern auch von der Theaterkritik gewürdigt. Das ist nicht unbedingt üblich, soll die Bühnenmusik doch »Werk und Aufführung dienen, sie unterstützen und selbst dienend zurückstehen«,[33] wie Horst Pillau schreibt. »[Bei Baumann ist] sie ein wesentlicher Bestandteil der Aufführung und des Stückes.«[34]

Baumanns Bühnenmusiken finden großen Beifall, manche werden zu richtigen »Schlagern«. So etwa seine Bühnenmusik zu *Das Orchester* von Jean Anouilh, die bis heute ihren Einsatz an über 45 verschiedenen Bühnen im In- und Ausland gefunden hat.[35] Diesen Erfolg verdankt Baumann nicht nur seinem musikalischen Talent, sondern auch seiner Leidenschaft für das Theater: »Beim Komponieren für ein Theaterstück muss man ganz genau in dieses Stück hineinhören können. Man muss sich mit der Arbeitsweise des Regisseurs vertraut machen. Wie sehen die Bühnenbilder, die Kostüme, die Texte aus? Und damit muss ich meine Musik in Einklang bringen. Deshalb habe ich auch für ein und dasselbe Stück bei verschiedenen Inszenierungen ganz unterschiedliche Musik komponiert.«

Doch ausschließlich Musik für das Theater zu schreiben – das ist auf Dauer eine zu geringe künstlerische Herausforderung für Baumann. Obwohl seine Anstellung am Theater einiges an Zeit erfordert, entstehen in dieser Berliner Zeit viele Werke für Kammermusikensembles und Orchester. Nicht nur im Theater, sondern auch in Konzertsälen werden Baumanns Stücke gespielt. Seine Orchesterwerke sprechen ein großes Publikum an, ohne dabei zu »gefällig« zu wirken. Oft verwendet er folkloristische Themen, wie etwa in seinen *Spanischen Tänzen* (1950, aus der Bühnenmusik zu *Die fromme Martha* von Tirso de Molina), dem *Walzer der Toreros* aus der Musik zu Anouilhs gleichnamiger Komödie (1958) oder den *Nordischen Impressionen. Suite für Streichorchester* (1959).

Bezeichnend für diese Werke sind nicht nur Baumanns Gespür für eingängige Melodien und Rhythmen, sondern auch eine heitere, optimisti-

[33] Pillau, 1995, S. 93.

[34] Ebd., S. 93.

[35] Vgl. Messmer, 1995, S. 21.

sche Grundstimmung. Dabei sind sie handwerklich fundiert, genauestens durchdacht und aufgebaut. Herbert Baumann beherrscht die populäre Musiksprache ebenso wie die moderne: Avantgardistische Tendenzen und Einflüsse sind schon in seinen frühen Kompositionen erkennbar, so zum Beispiel in *Rotor* (1955 Sikorski), einem Werk für Orchester. Später findet man sie in der *Toccata concertante* (1974 Vogt & Fritz), wo Zwölftonmusik und Aleatorik zum Einsatz kommen.

Im Bereich der Kammermusik, die einen bedeutenden Teil von Herbert Baumanns Schaffen einnimmt, entstehen in den 50er- und 60er-Jahren des 20. Jahrhunderts vor allem Stücke für zwei oder drei Instrumente. Baumann gibt jedem Instrument eine eigenständige Stimme, Polyphonie und konzertantes Prinzip kommen hier besonders zum Tragen. Diese ersten Werke haben teilweise noch gewöhnliche Besetzungen wie etwa Melodieinstrument und Klavier, in den folgenden Jahren wendet sich Baumann immer mehr außergewöhnlichen Besetzungen zu. Wie etwa in seinem *Capriccio für Klavier, Gitarre und Schlagzeug* (später: *Danza grotesca*, Vogt & Fritz) aus dem Jahr 1967. Auch komponiert er für Instrumente, die von anderen Komponisten bisher weniger bedacht wurden, wie etwa die Mandoline. Hier zeigt sich ein wichtiger Ansatz, der sich durch Baumanns gesamtes künstlerisches Schaffen zieht: Musik zu machen, die gebraucht wird. Sei es im Theater, für Instrumente und Ensembles mit gering vorhandenem Repertoire oder – für Laien. Bereits 1949 komponiert Baumann eine *Spielmusik* für Schulorchester, 1951 entsteht die *Musik für 14 Bläser und Schlagzeug*. Die Menschen an die Musik heranführen, das will Herbert Baumann. Und das gelingt am besten durch eigenes Musizieren. Sein Engagement gilt deshalb auch dem Komponieren der dafür nötigen Stücke, für Laien spielbar und trotzdem von hohem künstlerischen Anspruch.

Viele von Baumanns Werken sind Auftragswerke, so auch ein Stück, an dessen Uraufführung 1963 er sich noch sehr genau erinnert: »Das war ein Auftrag der Freien Volksbühne Berlin, für die Eröffnung des neuen Hauses, ein sehr ehrenvoller Auftrag. Als das erste Mal der Vorhang hochging, da standen Chor, Orchester und Solisten, und dann durfte ich auf die Bühne gehen, nachdem die Reden alle geschwungen waren, und meinen Taktstock erheben und die *Berliner Kantate* zur Feier des Tages da zur Uraufführung bringen. Das sind besondere Erlebnisse, das vergisst man natürlich nie!«

In dieser *Berliner Kantate*, die mittlerweile den Titel *Kantate für den Frieden* trägt, verarbeitet Baumann auch seine Erlebnisse aus dem Zweiten Weltkrieg.

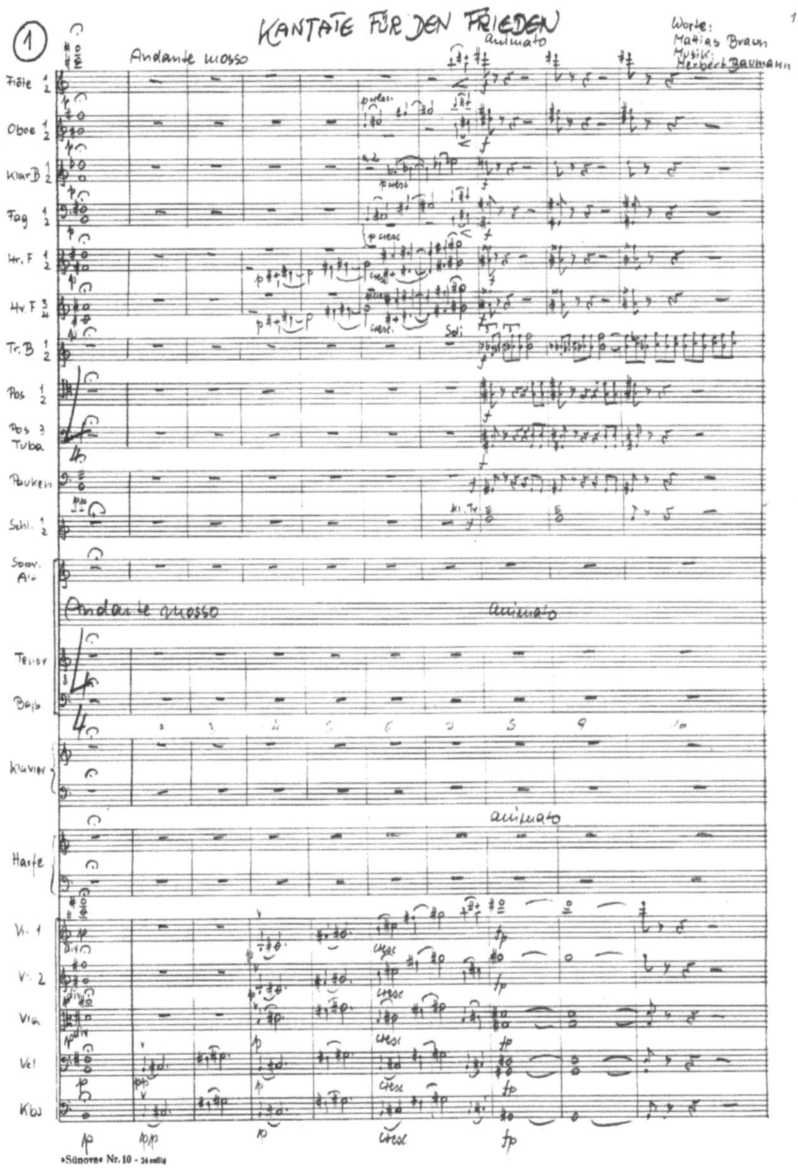

Partitur der Berliner Kantate *(heute:* Kantate für den Frieden*).*

ERLÄUTERUNG DER GRAPHISCHEN NOTATION

 (sehr) hoher unbestimmter Ton

 (sehr) tiefer unbestimmter Ton

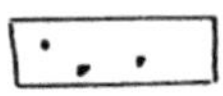 Tonfolge immer wiederholen - in freiem, unbestimmtem Rhythmus

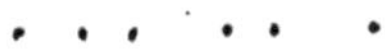 Einzelton repetieren, unbestimmter Rhythmus

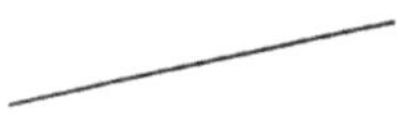 Glissando aufwärts

 Glissando abwärts

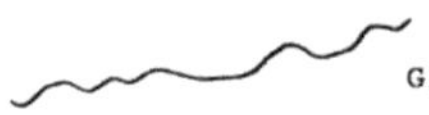 Glissando - Tendenz aufwärts, mit gelegentlicher Abwärts-Bewegung

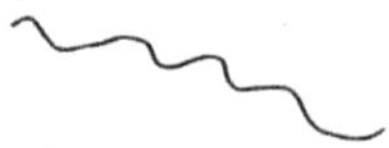 Glissando - Tendenz abwärts, mit gelegentlicher Aufwärts-Bewegung

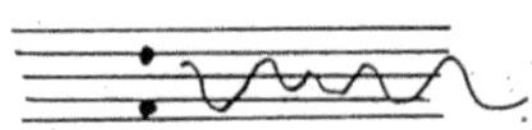 innerhalb der angezeigten Grenztöne Passagenwerk - frei improvisieren

∞ 'senza misura' = ohne bestimmten Takt und Rhythmus

Erläuterungen des Komponisten zur Toccata Concertante *(1974).*

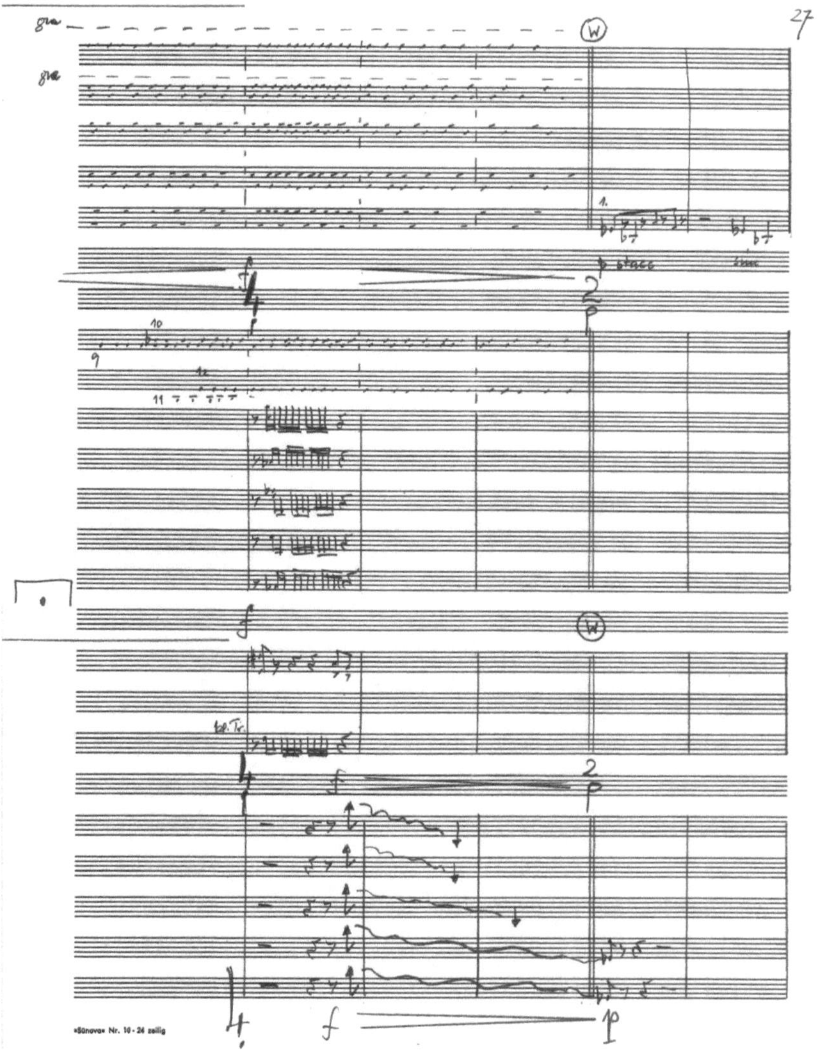

Partiturausschnitt der Toccata Concertante *(1974) in Herbert Baumanns Handschrift.*

Während seiner Berliner Zeit knüpft Herbert Baumann viele Kontakte, die für seine weitere Karriere von Bedeutung sind. Durch Kontakte zu Musikern wie etwa dem Gitarristen Siegfried Behrend entstehen nicht nur viele Werke für dieses Instrument, sondern auch enge Freundschaften. Am Theater lernt Baumann den Regisseur Imo Moszkowicz kennen, mit dem ihn später neben dem Theater die gemeinsame Arbeit für Film und Fernsehen verbinden wird.

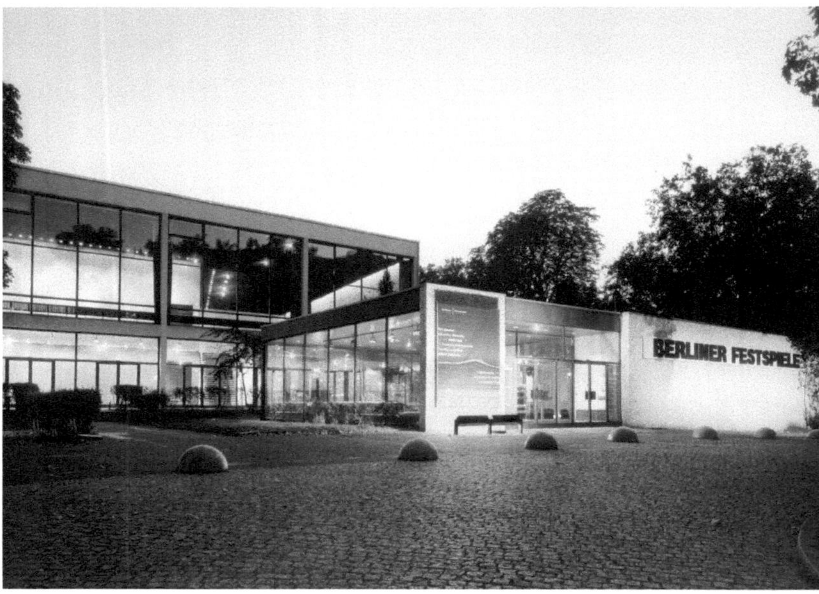

Freie Volksbühne Berlin, Theater in der Schaperstraße, 2003.

»Raus aus diesem roten Meer!«

Am 13. August 1961 wird die Berliner Mauer errichtet, bis zum 9. November 1989 wird sie die Stadt in zwei Teile trennen. Der westliche Teil Berlins ist nun von allen Seiten von einer Mauer umgeben, eine kleine westliche Insel im Staatsgebiet der DDR. Die Grundstückspreise in Berlin sinken, und ein Jahr später ziehen die Baumanns in ein eigenes Haus in der Katharinenstraße 1 in Berlin-Zehlendorf.[36]

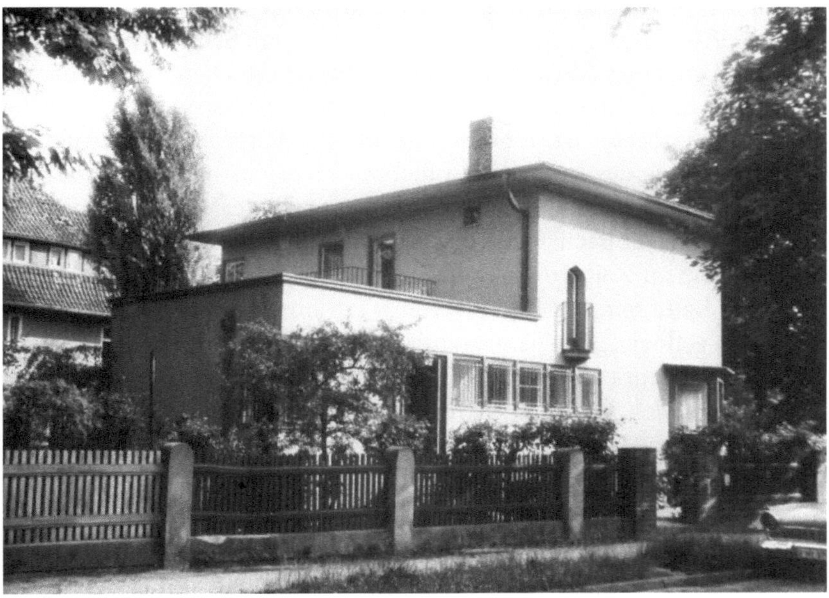

Wohnsitz der Familie Baumann in Berlin-Zehlendorf.

Doch ihre Lebenssituation in der geteilten Stadt kann Herbert und Marianne Baumann auf Dauer nicht glücklich machen. Unerträglich ist

[36] Vgl. Messmer, 1995, S. 23.

für sie das Eingeschlossensein, dem sie nur in den Theaterferien für kurze Zeit entkommen können, die stundenlangen Wartezeiten am Grenzübergang, die ständigen Kontrollen. So geht für beide ein lang gehegter Wunsch in Erfüllung, als sich 1970 die Möglichkeit ergibt, nach München zu gehen.

Auch diesen Abschnitt in seinem Leben verdankt Herbert Baumann einem glücklichen Zufall. Eigentlich soll er am Schillertheater für das Stück *Der Frieden* von Aristophanes die Bühnenmusik schreiben, doch die Zusammenarbeit kommt nicht zustande: Regisseur Rolf Henniger hat bei einem vorangegangenen Projekt, das letztlich doch nicht verwirklicht werden konnte, dem zuständigen Bühnenmusiker, der schon viel vorgearbeitet hatte, versprochen, die nächste Produktion auf jeden Fall mit ihm zusammen zu machen. Das ist nun *Der Frieden* von Aristophanes. Für Baumann ist es selbstverständlich, dass Henniger sein Wort nicht brechen kann und nun ein anderer die Bühnenmusik schreiben soll. Also ist er gerade ohne festen Auftrag am Schillertheater.

Da ruft ihn eines Abends ein alter Bekannter an, Dieter Hackemann, der früher in Berlin gearbeitet hat und nun Regieassistent am Münchner Residenztheater ist. Dort soll *Schule der Väter* von Jean Anouilh unter der Regie des Intendanten Helmut Henrichs inszeniert werden. Der zuständige Bühnenmusiker ist jedoch mit der Aufgabe überfordert, er findet einfach nicht den richtigen Ton. Das Ensemble steht unter enormem Zeitdruck. »Hackemann meinte: ›Jetzt kann uns nur noch der Baumann aus Berlin retten!‹ Ich bin dann kurzerhand nach München geflogen. Am Samstagmittag war die Besprechung mit Henrichs, am Nachmittag fing ich an zu komponieren und am Sonntag um elf Uhr habe ich ihm meine Musik am Klavier vorgespielt. Henrichs war begeistert: ›Genauso will ich die Musik haben!‹ Dann habe ich die Instrumentierung vorgenommen, die Partitur geschrieben, in der Nacht wurden noch die Einzelstimmen rausgeschrieben und am Montag fand die Tonaufnahme statt, fertig! Das hat die Verantwortlichen in München so beeindruckt, dass es hieß: ›Der Baumann muss zu uns kommen!‹«

Da Baumanns schon lange nach Bayern wollen, kommt dieses Angebot sehr gelegen. Zudem sind die vertraglichen Konditionen um einiges besser als in Berlin bei Boleslaw Barlog. Herbert Baumann sagt zu, und weil in Berlin schnell ein Vertreter für seinen Posten gefunden wird, verläuft der Wechsel nach München im Jahr 1970 problemlos.

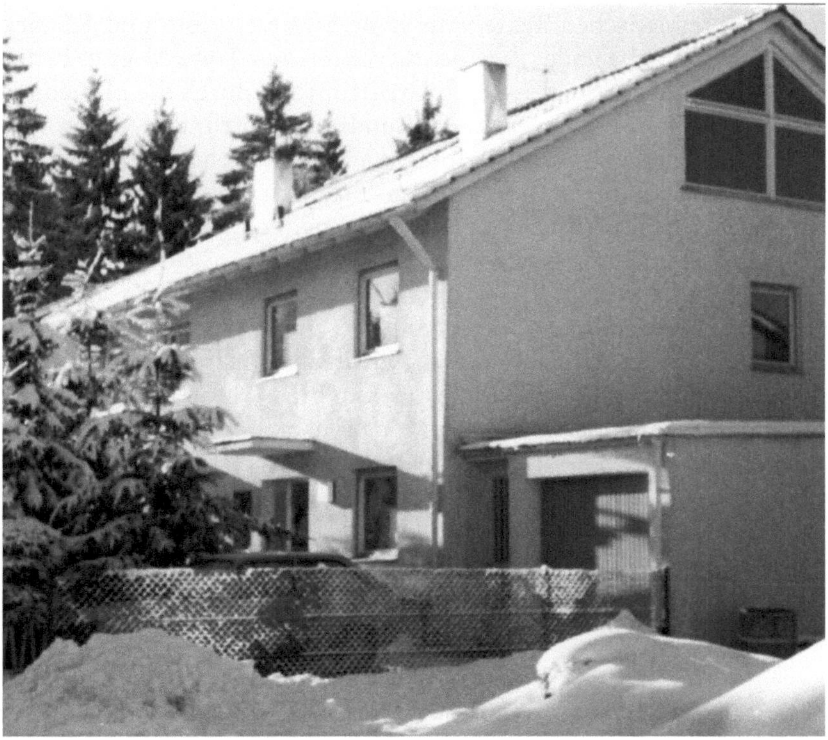

1970: Wohnsitz der Familie Baumann in Vaterstetten bei München.

Schon vor Jahren haben sich Herbert und Marianne Baumann Grundstücke in Bayern angesehen, jetzt erwerben sie eine Doppelhaushälfte in Vaterstetten, einem Vorort von München. Die Umstellung von Berlin nach München ist groß: »Man wurde ja völlig frei! Raus aus diesem roten Meer, wie ich immer sage. Aber wir haben uns sehr schnell eingelebt.« Dieses Gefühl der Freiheit findet man auch in Baumanns Musik wieder, »Ausbrüche in avantgardische Zonen«[37], wie er es nennt: So entstehen in den ersten Münchner Jahren Werke wie die *Musica per sei* (1974 Vogt & Fritz, Edition 49), die in den Münchner Kammerspielen von Mitgliedern der Münchner Philharmoniker uraufgeführt wird, der Liederzyklus *Vom Frieden*

[37] Vgl. Weiß, 1995, S. 37.

nach zeitgenössischen Texten für hohe Stimme, Flöte und Klavier (1975 Vogt & Fritz) oder die *Toccata concertante* (1974 Vogt & Fritz, Edition 49) für Orchester, deren Uraufführung durch die Münchner Philharmoniker im Bayerischen Rundfunk stattfindet. Aleatorik, Zwölftontechnik, neue Klangformen und Spieltechniken – hier experimentiert Baumann nach Herzenslust. »Ich wollte mal was ganz anderes machen. Danach bin ich aber wieder zahmer geworden«, erzählt er mit einem Augenzwinkern.

Neben absoluter Musik komponiert Herbert Baumann aber vor allem eines: immens viel Bühnenmusik, und das für drei Theater. Bei seiner neuen Arbeitsstelle in München ist er für die musikalische Betreuung von Residenztheater, Cuvilliés-Theater und Marstall verantwortlich. Innerhalb eines Monats bringt er es auf unglaubliche 52 Vorstellungen, bei denen seine Musik zum Bühnengeschehen erklingt.

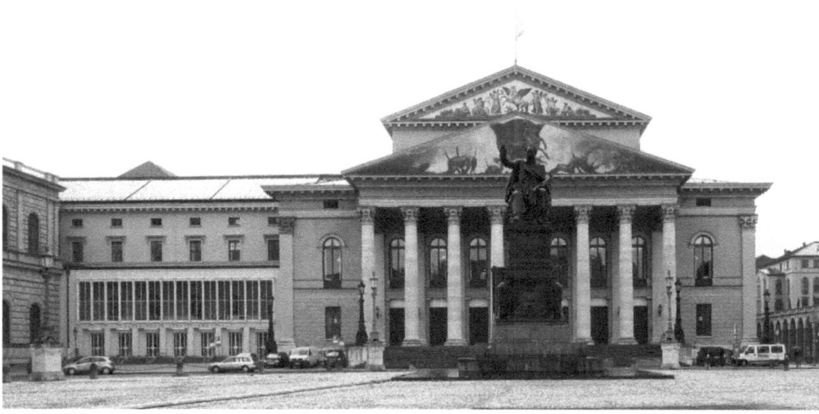

München: Residenztheater und Nationaltheater, links daneben die Residenz, in der sich auch das Cuvilliés-Theater befindet.

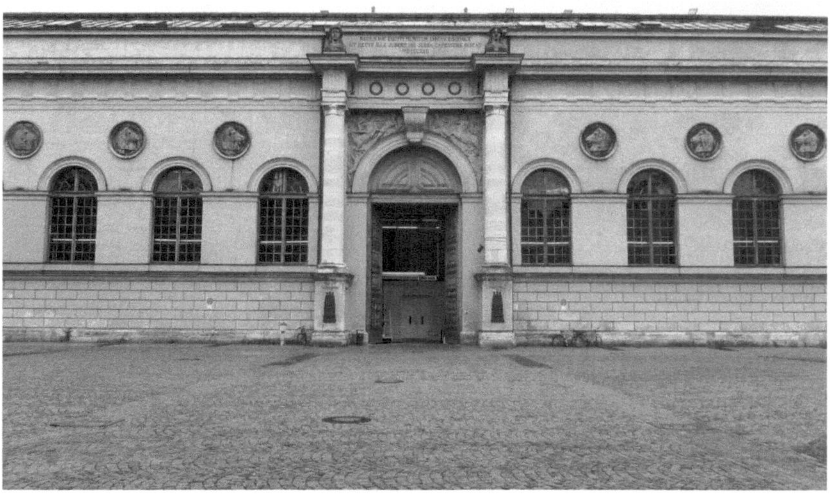

Der Marstall in München: Eine ehemalige Reitschule des frühen 19. Jahrhunderts, heute als Spielstätte genutzt.

Von all diesen Aufführungen ist Herbert Baumann vor allem eine besonders im Gedächtnis geblieben: der zweite Teil von Goethes *Faust*, unter der Regie von Leopold Lindtberg und mit den Hauptdarstellern Thomas Holtzmann als Faust und Martin Benrath als Mephisto. Der bekannte Komponist Harald Genzmer, der die Aufführung wiederholt besucht, ist »[...] tief beeindruckt davon, wie es [Herbert Baumann] ganz besonders mit zum Teil sehr kühner Musik gelungen ist, für jede Szene den richtigen Ton zu treffen. Oft wird erst durch [seine] Musik dem Hörer der atmosphärische Gehalt des Bühnengeschehens bewusst, und gerade bei mehrfachem Hören spürt man, mit welchem Instinkt [er] das Problem gemeistert [hat].«[38]

Doch damit nicht genug: 1976 wird Baumann Zweiter Vorsitzender des Tonkünstlerverbands München. Fünf Jahre engagiert er sich auf diesem Posten. Eines der Hauptanliegen des Verbands ist es bis heute, das Schaffen zeitgenössischer Künstler zu präsentieren, ihren Werken

[38] Harald Genzmer in einer Zuschrift an Herbert Baumann. Suder, 1995, S. 42.

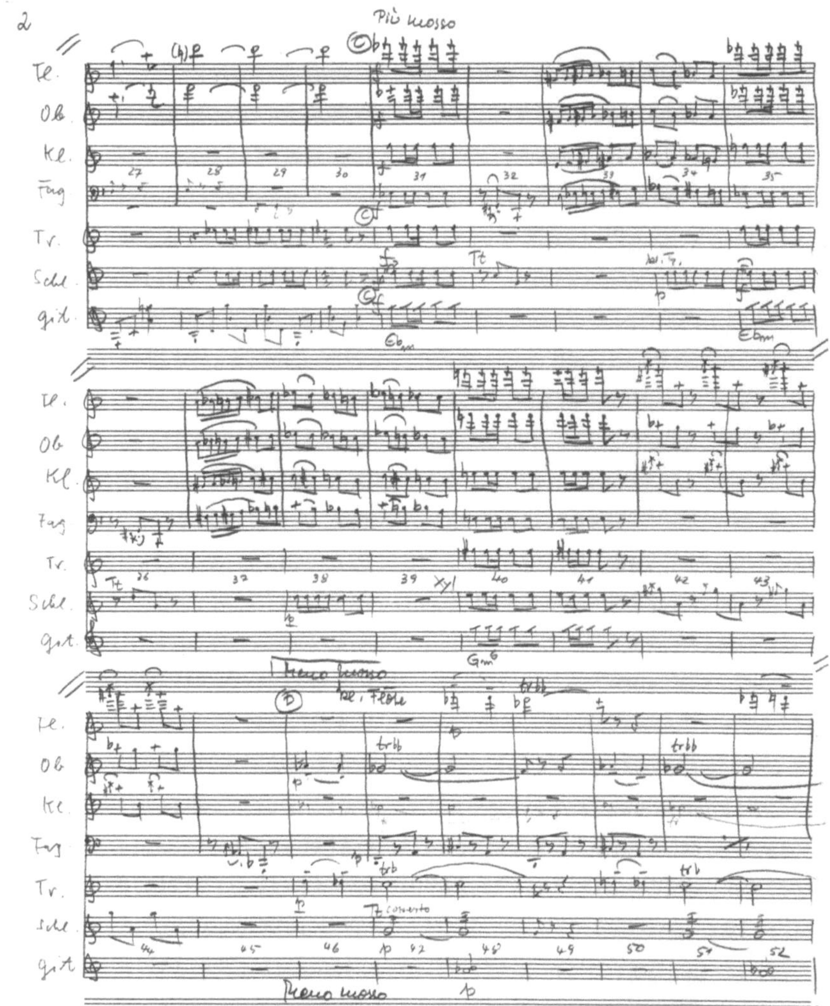

Ausschnitt aus der Partitur zur Bühnenmusik zu Die Drillinge von Venedig *am Cuvilliés-Theater in Herbert Baumanns Handschrift.*

eine Bühne zu geben. Dafür gibt es seit 1946 das »Studio für Neue Musik«, die älteste Kammermusikreihe für Neue Musik in München.[39] Diese Konzertreihe leitet Baumann von 1978 bis 1983 zusammen mit zwei Kollegen, den Komponisten Meinrad Schmitt und Carlos Veerhoff.

Als Marianne und Herbert Baumann 1970 nach München übersiedeln, sind ihre Söhne 17 und 19 Jahre alt. »Sie waren so weit selbständig, dass sie alleine in Berlin bleiben konnten. Die Verwandten waren erst mal skeptisch, aber Michael und Peter fanden das klasse! Normalerweise gehen ja die Kinder irgendwann aus dem Haus, bei uns war es umgekehrt«, lächelt Baumann.

Michael und Peter Baumann suchen sich eigene Wohnungen, Michael macht eine Banklehre in Berlin und studiert später an der Ludwig-Maximilians-Universität in München Pädagogik. Er wird Berufschullehrer

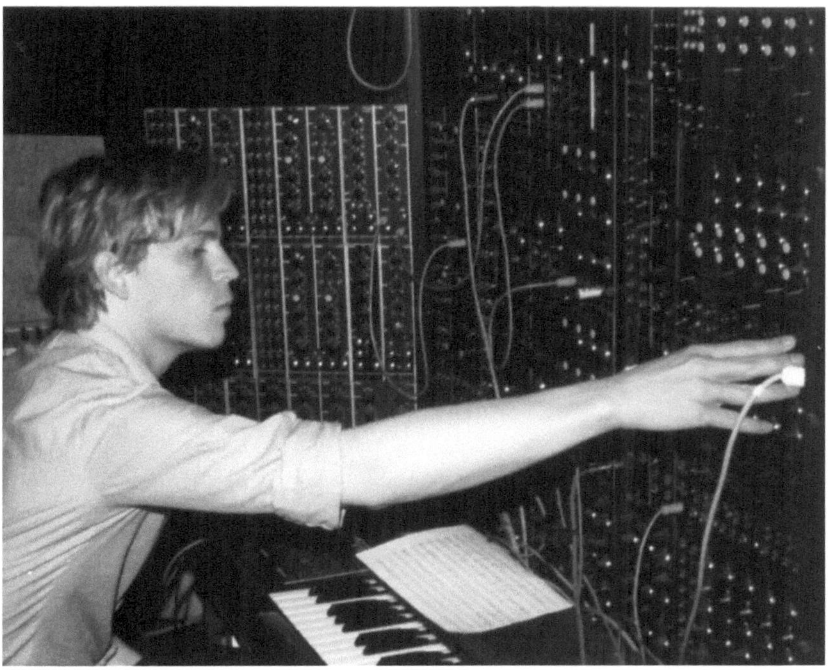

Peter Baumann in seinem Elektronikstudio in Berlin, 1981.

[39] Vgl. http://www.dtkvbayern.de/joomla/index.php?option=com_content&view=article&id=168&Itemid=111

in Starnberg und lebt heute mit seiner Frau Petra in Starnberg-Söcking. Sein jüngerer Bruder Peter wird 1971 Keyboarder in der Band Tangerine Dream, tourt mit dieser Formation durch Europa und die USA. Er besitzt ein Elektronikstudio in Berlin, das häufig von den Sendern RIAS und SFB für Aufnahmen benutzt wird. Als er von seiner Amerikatournee zurückkommt, steht für ihn fest, dass er sich in den Staaten niederlassen will. Er lebt in New York, Los Angeles, wo er eine Zeit lang erfolgreich ein Studio für CD-Produktionen führt, und heute in San Francisco.

Die Freiheit, die Baumanns in München genießen, ermöglicht auch eine Reihe von Klassentreffen der besonderen Art, die mit Herbert Baumanns 50. Geburtstag im Jahr 1975 ihren Anfang nehmen. Der Kontakt zu seinen Schulkameraden ist dank Mutter Elfriede nie abgerissen, und der runde Geburtstag ist ein schöner Anlass für ein erneutes Wiedersehen. Seitdem wird jedes Jahr zu Christi Himmelfahrt jeweils bei einem der Kameraden ein Treffen ausgerichtet. Durch die jährlichen Fahrten lernen Herbert und Marianne viel von Deutschland kennen, denn die ehemaligen Mitschüler sind über das ganze Land verstreut. Viele schöne Erinnerungen verbinden die beiden mit diesen Treffen: So fahren sie beispielsweise einmal von Kiel aus mit dem Schiff nach Dänemark, besichtigen Basel in der Schweiz oder organisieren am Starnberger See eine kurze Schiffsfahrt mit Brotzeit, Kaffee und anschließendem Kegeln in Feldafing bei München. Bis 2001 finden diese besonderen Klassentreffen alljährlich statt, dann fällt einigen der Freunde das Reisen schwerer, immer öfter ist ist jemand zu krank, um zu reisen. »Man wird eben nicht jünger«, meint Herbert Baumann mit leisem Bedauern.

Filmmusik und ein neuer Lebensabschnitt

Möchten Sie vielleicht noch einen Kaffee? Jetzt habe ich schon so viel erzählt, Sie müssen mich stoppen, wenn es Ihnen zu viel wird«, lacht Herbert Baumann. Mittlerweile ist die Sonne ein ganzes Stück gewandert und taucht das kleine Arbeitszimmer in warmes Nachmittagslicht. Das Fotoalbum ist schon fast durchgeblättert, einige Fotos fehlen. Sie sind, zusammen mit Plakaten, Partituren, Autografen und anderen Dokumenten, in der Bayerischen Staatsbibliothek in München archiviert, die seit 2009 Baumanns Vorlass verwaltet. Aber auch ohne Fotos, die das Erzählte untermalen, ist es eine Freude und ein Genuss, Baumanns Erinnerungen zu lauschen. Spannend, witzig und immer mit einer gewissen Selbstironie kann er erzählen, und die Bilder entstehen von allein vor dem inneren Auge.

Gestärkt mit unzähligen Tassen Kaffee, liebevoll zubereitet von Marianne Baumann, geht es auf unserer Zeitreise zurück ins Jahr 1979. Ganze 32 Jahre komponiert Herbert Baumann nun schon für die Bühne, er ist gefragt wie kein anderer und in München seit neun Jahren am Theater engagiert. Doch so richtig gefallen will es ihm an Residenztheater, Cuvilliés-Theater und Marstall zuletzt nicht mehr: »In München war die Arbeit am Theater anders als damals in Berlin. Ich sollte immer von der ersten Leseprobe an dabei sein. Das wollte ich einfach nicht! Ich saß ja immer im Dunkeln da. Wenn ich dachte, ich komme gleich dran, rief der Regisseur: ›Moment, die Szene noch einmal!‹ Und dann saß ich wieder da und drehte Däumchen – ne, das war nicht mehr möglich! Der Zeitverlust war einfach enorm und ich wollte auch größere Sachen machen, aufwendigere Projekte realisieren. Und dafür braucht man Zeit. Zumal die Fernsehgeschichte sich als immer ergiebiger herausstellte.«

Diese »Fernsehgeschichte«, das sind Aufträge für das Fernsehen. Schon seit den 50er-Jahren komponiert Baumann Filmmusik, unter anderem für Fernsehproduktionen wie *Romeo und Julia auf dem Dorfe* (1967),[40]

[40] Eine Fernsehproduktion des Bayerischen Rundfunks, Regie: Willi Schmidt. Nach einer Novelle von Gottfried Keller.

Serien wie *Unser Vater, der Tierarzt* (1963)[41] oder Kinofilme wie *Die Stadt von morgen* (1957). Mit den Jahren häufen sich die Engagements. 1979 ist Baumann so gut im Geschäft etabliert, dass er den Schritt zum freischaffenden Komponisten wagt. Anfang 1979, zum Spielzeitende, kündigt er seine Stellung am Theater in München. An den Tag seiner Verabschiedung vom Residenztheater kann er sich gut erinnern: »Als ich nach Hause kam, sagte meine Frau, dass jemand vom Residenztheater angerufen hätte. Was wollen die denn, dachte ich mir. Ich habe zurückgerufen, und da fragten sie mich, ob ich nicht noch das nächste Stück machen will. Daraus wurden dann drei Stücke. Zu meinen Konditionen und gegen die entsprechende Bezahlung, versteht sich!«

Ein Jahr vor seiner Kündigung komponiert Baumann die Filmmusik zu *Drei Mann auf einem Pferd* (1978), die Regie führt Imo Moszkowicz – der Beginn einer Reihe von gemeinsamen TV-Produktionen. Schon seit ihrer Berliner Zeit am Schillertheater kennen sich die beiden, nun realisieren sie mehrere Fernsehfilme zusammen. Dabei verleiht Baumann den unterschiedlichsten Genres die passende Untermalung, sei es einem biografischen Film wie *Ein Winter auf Mallorca* (1982) über George Sand und Frédéric Chopin, einem Fernsehdrama wie *Der kleine Riese* (1985) oder einer Serie wie *Karschunke & Sohn* (1978). Sogar einer Folge der wohl beliebtesten Krimireihe in Deutschland verpasst Baumann mit seiner Musik den letzten Schliff: dem Tatort *Das Lederherz* (1981).

»Das Komponieren für Film und Fernsehen war für mich Broterwerb. Mit Streichquartetten kann man seinen Lebensunterhalt nicht bestreiten. Aber ich habe auch dort immer einen sehr hohen Anspruch an meine Musik gehabt, den Ehrgeiz, eben nicht nur Routinearbeit abzuliefern.«

Als er beginnt, für Film und Fernsehen zu komponieren, sind die technischen Möglichkeiten selbstverständlich noch nicht so ausgereift wie heute: »Ich musste bei der Aufnahme dirigieren, während der Film auf der Leinwand lief, dort auf bestimmte Einsätze achten. Wenn wir dann fertig waren, hieß es: ›Wir sind vier Sekunden zu lang!‹ Und dann ging es wieder von vorne los. Heute sind das ja nur ein paar Mausklicks am Computer, schon ist das gekürzt!«

Regisseur Imo Moszkowicz über seinen Kollegen und Freund: »Wie Herbert Baumann mit Stil und Technik umzugehen versteht, hat schon

[41] Eine sechsteilige Familienserie der ARD, Erstausstrahlung: Januar 1963 bis März 1963.

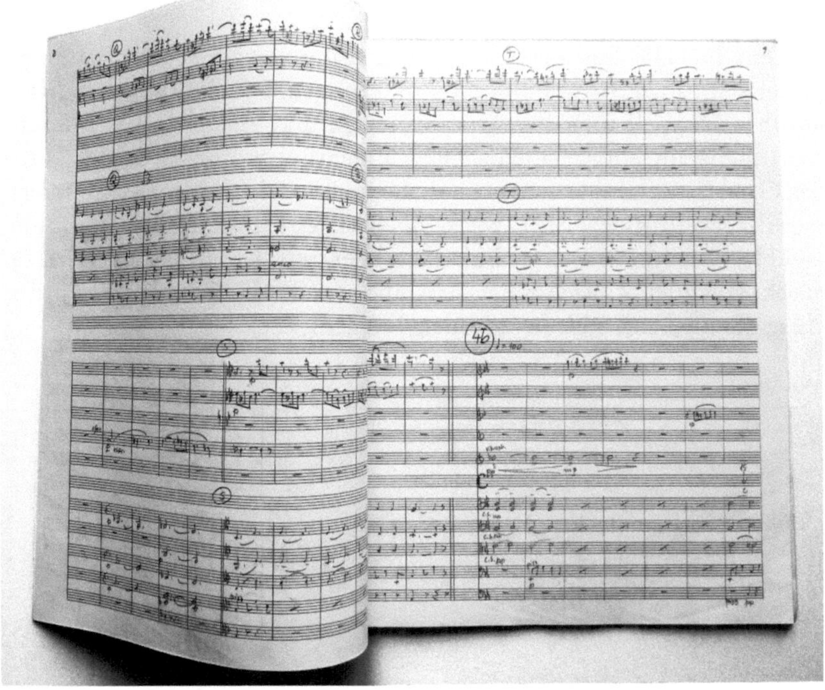

Partitur zur Fernsehproduktion Romeo und Julia auf dem Dorfe *(1967) in Herbert Baumanns Handschrift.*

immer meine Bewunderung hervorgerufen. Stets war er der dem Werk dienende Künstler, der die Stücke und Filme, für die er komponiert, von Grund auf versteht. Er ist absolut diskussionsfest, sobald über Absichten und Ziele der Vertonung Verabredungen getroffen werden müssen. Und immer weiß er seinen persönlichen künstlerischen Standpunkt souverän zu vertreten und unkorrumpierbar zu behaupten.«[42]

Die Zusammenarbeit zwischen Baumann und Moszkowicz funktioniert so reibungslos, dass die beiden auch einige Bühnenstücke gemeinsam realisieren. *Doña Rosita bleibt ledig* von Federico Garcia Lorca (1981, Theater in der Josefstadt, Wien, übertragen im TV), *Der Prinz von Homburg* von Heinrich von Kleist (Feuchtwangen 1989) oder

[42] Moszkowicz, 1995, S. 102.

Maria Stuart von Friedrich von Schiller (Feuchtwangen 1991) sind nur drei von vielen gemeinsamen Projekten.

Nicht nur die Festanstellung am Theater lässt Herbert Baumann hinter sich, auch privat gibt es Veränderungen. Die Baumanns verkaufen ihre Doppelhaushälfte in Vaterstetten und ziehen in die Münchner Innenstadt. Dort haben sie eine Eigentumswohnung in der Nähe des Gasteig und der Isar erworben. Ursprünglich als Hotel konzipiert, ragt ihr Wohnhaus 15 Stockwerke hoch in den Himmel . Die Wohnung von Herbert und Marianne Baumann liegt, wie bereits erwähnt, im 14. Stock, von allen Zimmern hat man eine grandiose Aussicht über München, die die beiden bis heute jeden Tag genießen.

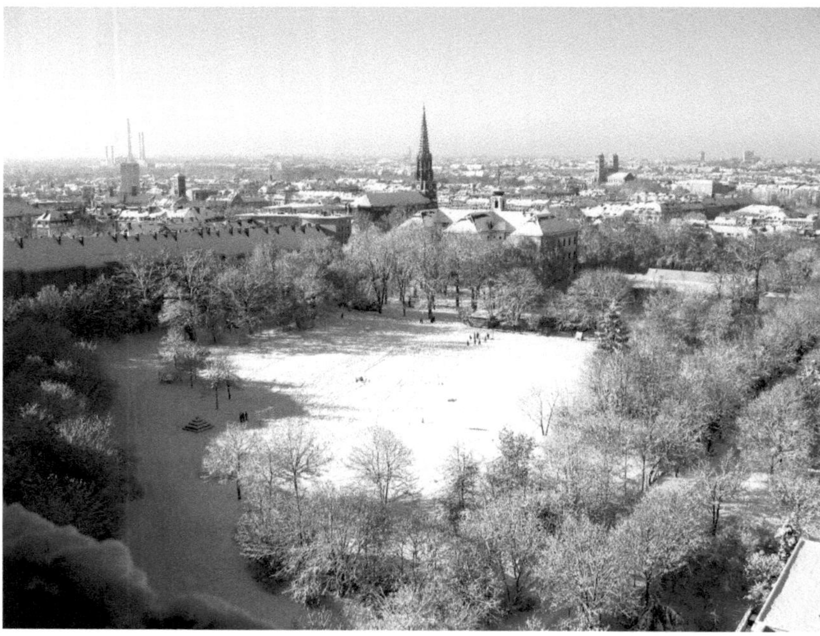

Balkonblick von Baumanns Wohnung über München (2012).

Zeit für zauberhafte Ballette[43]

32 Jahre seines Lebens ist Herbert Baumann am Theater angestellt, erst in Ostberlin am Deutschen Theater, dann in Westberlin am Schiller- und Schlossparktheater und schließlich in München als Leiter des Musikwesens am Bayerischen Staatsschauspiel. Ab 1979 arbeitet er als freischaffender Komponist. Endlich keine sinnlose Zeit mehr in Proben absitzen, Zeit, die man doch so viel besser nützen kann! Und er nützt sie, seine Zeit! Hauptwerke seines Schaffens entstehen nun. 1982 erhält er den Auftrag, für das Hessische Staatstheater Wiesbaden die Musik für ein Ballett zu komponieren: *Alice im Wunderland*. Ein wirklich großes Projekt, das Baumann zusammen mit Roberto Trinchero, dem Ballettdirektor des Wiesbadener Staatstheaters, in Angriff nimmt.

Die Handlung des Balletts setzt sich aus Teilen des Buches *Alice im Wunderland* und dessen Fortsetzung *Alice hinter den Spiegeln* von Lewis Carroll zusammen. Dazu kommt eine Rahmenhandlung, die im englischen Oxford im Christ Church College beginnt: Lewis Carroll ist Mathematiklehrer am College. Freche, uninteressierte Schüler machen ihm das Leben schwer. Er flieht aus der realen Welt und erfindet seine Titelheldin Alice. An ihre Seite stellt er ein weißes Kaninchen und führt sie in ein Wunderland. Dort erlebt Alice viele Abenteuer und kommt an den Hof der Herzkönigin. Dann überschlagen sich die Ereignisse: Der Pikbube stiehlt ein Törtchen aus der Küche der Königin und der Herzbube wird zu Unrecht als Dieb angeklagt. Alice hilft dem Unschuldigen und gemeinsam besiegen sie Pikbube und Königin. Alice beweist Mut und Herzensgüte und am Ende werden sie und der Herzbube das neue Königspaar des Wunderlandes.

Viele Szenenwechsel und ein großes Ensemble an Tänzern werden benötigt, um diese Geschichte zu erzählen. Fantastische Schauplätze, paradoxe Figuren und eine oft nicht ganz einfach zu entschlüsselnde Symbolik des Stoffes stellen Baumann und Trinchero vor eine schwierige Aufgabe: Die Handlung muss leicht verständlich und allein durch den Zusammenklang von Musik und Tanz auszudrücken sein. Das ist bei dem Ballett *Alice im Wunderland* aufs Beste geglückt, und Bau-

[43] Vgl. Palm-Beulich, 1995, S. 105 ff.

manns Musik ist dafür zu großen Teilen mit verantwortlich. Ist seine Kammermusik vielmals kontrapunktisch und polyphon angelegt,[44] findet man in dieser Ballettmusik eine eher homophone Satztechnik mit charakteristischen Motiven und Klangfarben. Dadurch gewinnt das Werk an Verständlichkeit, wird »durchhörbar«, ohne simpel oder trivial zu wirken. Er experimentiert mit den verschiedensten Klangfarbenkombinationen, vor allem das aus 26 Einzelinstrumenten bestehende Schlagwerk sorgt für spannende Höreindrücke. Am 23. Dezember 1984 wird *Alice im Wunderland* uraufgeführt und ist nicht nur beim jungen Zielpublikum ein großer Erfolg (Bilder auf S. 97).

Eine der immer ausverkauften Vorstellungen sieht auch Helge Thoma, der damalige Intendant des Theaters Augsburg. Ihm gefällt *Alice im Wunderland* sehr, für sein Haus kommt das Stück aber nicht infrage, zu groß ist das benötigte Ballettensemble. Also spricht er Baumann direkt an, ob er nicht ein kleineres Ballett für ihn komponieren könne. Für ein Kinderpublikum solle es sein, an ein bestimmtes Thema habe er noch nicht gedacht. Baumann ist sofort Feuer und Flamme für die neue Aufgabe. Doch zuerst muss ein passendes Libretto gefunden werden. »Meine Frau und ich haben dann sämtliche Märchenbücher von vorne bis hinten durchgelesen, bis wir auf das Märchen *Rumpelstilzchen* der Brüder Grimm gestoßen sind. Das war aber nicht länger als eine knappe Seite. Also haben wir hinzugedichtet und daraus eine längere Geschichte gesponnen«, erzählt Baumann.

Die ursprüngliche Handlung von *Rumpelstilzchen* ist schnell erzählt und beschränkt sich im Großen und Ganzen auf drei Personen: den König, die Müllerstochter und das Rumpelstilzchen. Ein armer Müller will seine Tochter an den König verheiraten und behauptet, sie könne Stroh zu Gold spinnen. Der König stellt die Müllerstochter auf die Probe: Drei Nächte soll sie eine Kammer voll Stroh zu Gold spinnen, sonst müsse sie sterben. Die Müllerstochter verzweifelt angesichts der unlösbaren Aufgabe, da erscheint ein kleines Männchen, das ihr seine Hilfe anbietet. Der Lohn dafür: ihr Halsband, ihr Ring und schließlich ihr erstes Kind. Als es dann aber so weit ist, will die Müllerstochter ihr Kind nicht weggeben. Das kleine Männchen lässt sich erweichen: Sollte die Müllerstochter innerhalb von drei Tagen seinen Namen erraten, darf sie ihr Kind behalten. Zu dieser Kerngeschichte kommen nun Nebenhandlungen und neue Personen hinzu. Statt eines alten Königs, dessen Königreich in Not geraten ist, tritt ein junger Prinz auf. Er muss

[44] Siehe S. 20.

sich schnell mit einer reichen Prinzessin vermählen, um sein Königreich zu retten. Es stellen sich drei heiratswillige Kandidatinnen vor, aus denen der Prinz eine wählen soll. Anstelle einer Hochzeitsszene beendet das Finale »In der Schlossküche« den ersten Teil, wo Löffel und Gabeln, der Wein, der Gänsebraten und schließlich die Hochzeitstorte ausgelassen tanzen. Der zweite Teil beginnt mit der Taufe des Kindes und dem plötzlichen Erscheinen Rumpelstilzchens. Die Suche nach Rumpelstilzchens richtigem Namen wird ausgebaut: Die Handlung führt hinaus aus dem Schloss in den Wald, wo Tänze von Blumen, Pilzen, Elfen und schließlich Rumpelstilzchens Tanz die zauberhafte Geschichte fortführen. Natürlich gibt es ein Happy End, ein großer Tanz zum Finale bekräftigt: »Alle sind glücklich!«

Mit dem Märchen von Rumpelstilzchen haben Herbert und Marianne Baumann ein Thema gefunden, wie es nicht besser für Kinder geeignet sein könnte. Die Geschichte ist witzig, spannend, zum Teil richtig gruselig für die Kleinsten und lässt sich fantasievoll umsetzen. Kostüme, Bühnenbilder, Bewegungen und Gesten der Tänzer lassen viel Spielraum für einfallsreiche Inszenierungen. Auch für die Musik ergeben sich daraus viele Möglichkeiten, die Herbert Baumann bestens genutzt hat. Einige Personen werden mit Leitmotiven versehen: So wird der verträumte Prinz mit einem dunklen, weichen Celloklang dargestellt, die Müllerstochter Marie durch die Klangfarben der hohen Holzbläser Flöte, Oboe und Klarinette. Wird es richtig rhythmisch, tritt meistens das Rumpelstilzchen in Erscheinung. Wie auch bei *Alice im Wunderland* verwendet Baumann einen durchhörbaren, homophonen Satz, manchmal kann man das ein oder andere Kinderlied in Baumanns Melodien entdecken.

Bis heute sind Baumanns Ballette beliebt. An zahlreichen Theatern haben Alice und ihre Weggefährten die Bühne schon in ein zauberhaftes Wunderland verwandelt. Sogar in den USA wurde *Alice im Wunderland* aufgeführt.

Das Ballett *Rumpelstilzchen* ist ein wahrer Publikumsliebling – mit über 250 (bis 2013) Aufführungen in den verschiedensten Opernhäusern von Augsburg bis zum Kieler Schloss. In diesen zwei Werken werden auch zwei große Aspekte in Herbert Baumanns Schaffen deutlich: die Affinität zum Tanz und das Engagement, junges Publikum an die Musik und das Theater heranzuführen.

Ehre, wem Ehre gebührt

München 2012, im Arbeitszimmer von Herbert Baumann. Der Kaffee ist längst getrunken, nur wenige Seiten des Fotoalbums gibt es noch zu betrachten. Das nächste Foto zeigt Baumann mit einer Urkunde: »Das war 1998 in Berlin, da habe ich die Ehrenurkunde der GEMA erhalten, für meine 50-jährige Mitgliedschaft.«

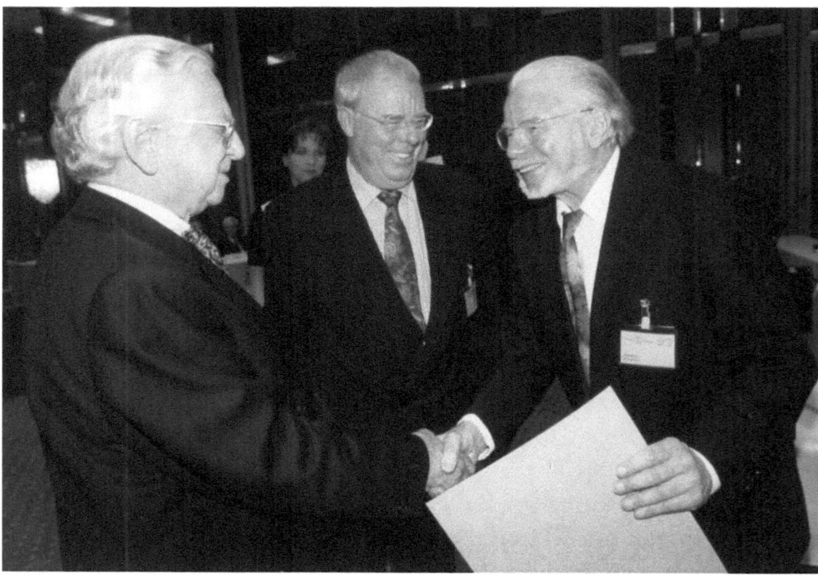

Herbert Baumann bei der Verleihung der Ehrenurkunde der GEMA (50-jährige Mitgliedschaft) am 8. Juli 1998.

Doch diese Ehrenurkunde ist nicht die einzige Auszeichnung, die Baumann erhält. Schon 1979 wird er von der Genossenschaft Deutscher Bühnen-Angehöriger (GDBA) mit dem Silbernen Ehrenzeichen bedacht. 1990 verleiht der Bund Deutscher Zupfmusiker ihm die Ehrenmitgliedschaft. 1998 kommt eine weitere Ehrung hinzu: Herbert Baumann erhält das Bundesverdienstkreuz.[45] Es wird vom damaligen Bundespräsidenten Roman Herzog verliehen, überreicht wird es Herbert Baumann schließlich durch den damaligen bayerischen Staatsminister für Unterricht und Kultus, Hans Zehetmair. Um diesen Orden zu bekommen, muss der Geehrte nicht nur auf einem Gebiet hervorragende Leistungen erbracht haben, sondern auch abseits des eigentlichen Berufes. Bei Herbert Baumann ist das die Gründung einer Stiftung, der Herbert-Baumann-Stiftung.[46]

Ehrungen hin oder her: Herbert Baumann ist keiner, der mit seinen Leistungen prahlt. Er ist immer erreichbar für sein Publikum geblieben, nie abgehoben. Wenn ein Laienensemble eines seiner Werke aufführt, dann ist er gerne zur Stelle, hört gerührt zu und ist sich nicht zu schade, ein paar Worte über das Stück oder seine Entstehung zu verlieren. Es freut ihn jedes Mal, wenn gerade seine älteren Stücke gespielt werden: »Neulich habe ich erfahren, dass das Hörspiel *Der Parasit* von Friedrich von Schiller, zu dem ich die Musik komponiert habe, nun deutschlandweit gesendet wird.[47] Das habe ich 1950 geschrieben. Wenn Sie mich jetzt fragen: Ich weiß keinen Ton mehr! Das ist sehr lange her und dass die das jetzt wieder rauskramen ... herrlich! Da werd ich mal meine Musik kennenlernen, was ich damals so gemacht hab!«

Herbert Baumann hat Erfolg – und seine Frau Marianne hat daran ganz wesentlichen Anteil. Nicht nur, dass sie jede Störung seiner Tätigkeit von ihm abhält, sie übernahm auch allein die Erziehung der Kinder sowie alle im Haushalt anfallenden Arbeiten und notwendigen Repara-

[45] Der Verdienstorden wird an in- und ausländische Bürgerinnen und Bürger für politische, wirtschaftlich-soziale und geistige Leistungen verliehen sowie darüber hinaus für alle besonderen Verdienste um die Bundesrepublik Deutschland, wie zum Beispiel im sozialen und karitativen Bereich. Er ist die einzige allgemeine Verdienstauszeichnung in Deutschland und damit die höchste Anerkennung, die die Bundesrepublik für Verdienste um das Gemeinwohl ausspricht. Eine finanzielle Zuwendung ist mit der Verleihung des Verdienstordens nicht verbunden. Der Verdienstorden wird in acht verschiedenen Stufen verliehen. Vgl. http://www.bundespraesident.de/DE/Amt-und-Aufgaben/Orden-und-Ehrungen/Verdienstorden/verdienstorden-node.html

[46] Vgl. Kapitel »Stiften – aber wie?«

[47] Im Rahmen des ARD Radiofestivals wurde am 29. August 2010 unter der Rubrik »Große Stimmen – große Namen« das Hörspiel *Der Parasit* deutschlandweit im Radio gesendet. Regie: Boleslaw Barlog, Aufnahme des NWDR Berlin 1950. 2011 wurde das Hörspiel erneut gesendet, dieses Mal vom Rai-Sender Bozen.

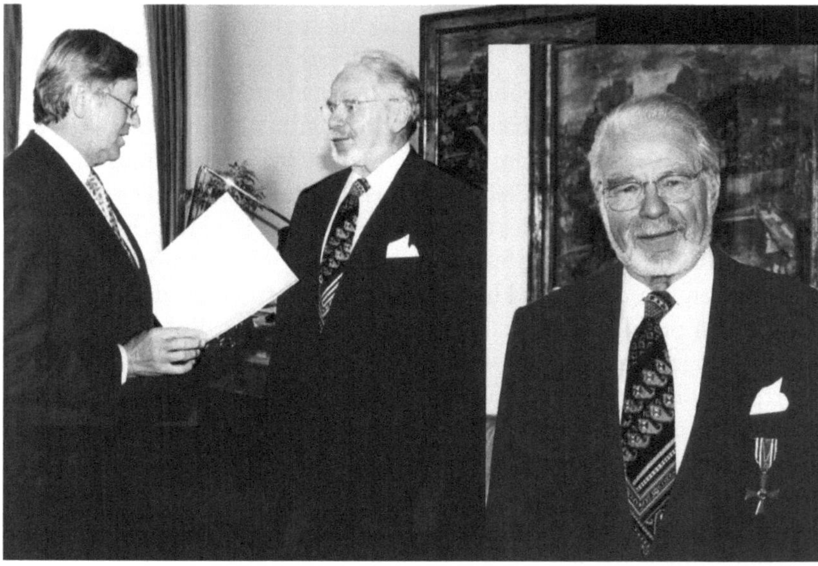

1998: Hans Zehetmair überreicht Herbert Baumann das Bundesverdienstkreuz.

turen. Zudem unterstützt Marianne ihren Mann aktiv in seinem Beruf: Fallen für Theater und Fernsehen Tonaufnahmen im Studio an, führt sie die Listen, damit kein Take ausgelassen wird: »Die Takes wurden nicht chronologisch, wie sie später im Film oder Fernsehen auftraten, aufgenommen. Anfangs kam die volle Orchester- beziehungsweise Ensemblebesetzung zum Einsatz, dann wurde die Besetzung, wie es die Partitur eben vorschrieb, immer kleiner. Die nicht mehr benötigten Musiker konnten so früher das Studio verlassen, damit konnte man natürlich Geld einsparen. Für den letzten Take war schließlich noch die kleinste Besetzung verfügbar. Manchmal wurden auch einige Instrumente nacheinander aufgenommen – im Playback-Verfahren.«

Diese ganze Organisation liegt in Mariannes Händen. So ist es durchaus angebracht, dass Herbert seine Frau als Assistentin anstellt, natürlich mit entsprechender Entlohnung: »Marianne hatte auch eine Lohnsteuerkarte, sie war ganz offiziell bei mir angestellt. Denn ohne Mariannes Einsatz wären die anfallenden Aufträge nicht auszuführen gewesen. Sie hat mich beruflich immer unterstützt, und hierfür bin ich ihr – neben allem anderen – sehr dankbar!«

Ein besonderes Steckenpferd: die Zupfmusik[48]

Eines ist Herbert Baumann schon immer gewesen – offen für Neues. Sei es in seinem Leben, wo er mehrmals »ins kalte Wasser gesprungen« ist, oder bei seiner Musik. Hier experimentiert er gerne mit Klangfarben und Besetzungen und sucht gezielt nach Instrumenten und Ensembles, für die es noch wenig Literatur gibt. Dabei stößt er auf eine Musikgattung, die im Konzertleben bisher wenig Beachtung gefunden hat: die Zupfmusik.

Schon 1962 schreibt Herbert Baumann die ersten kleineren Tänze für Zupfinstrumente, die später für Zupforchester herausgegeben werden. Siegfried Behrend, Konzertgitarrist und Leiter des Saarländischen Zupforchesters, gibt schließlich den Ausschlag für Baumanns weiteres Engagement in diesem Bereich: Behrend bittet seinen Freund und Kollegen um ein Stück für sein Orchester. Dieser Bitte kommt Baumann gerne nach und schreibt für ihn seine *Saarländische Zupfmusik* (1962). Das aus drei Tanzsätzen bestehende Werk bildet den Anfang einer ganzen Reihe von Stücken für Zupforchester. Aber auch hier versucht Baumann immer wieder etwas Besonderes: So fügt er beispielsweise andere Instrumente und Klangfarben hinzu, wie bei den *Vier alten Tanzstücken* mit Sopran-, Altblockflöte und Schlagzeug ad lib. (1964), oder er erfindet gleich eine ganze Geschichte dazu. Baumann ist nämlich nicht nur Komponist, sondern auch Autor. *Der wohlfeile Gänsebraten* für Sprecher(in) und Zupforchester (1966), *Vom Müllerburschen, dem ein Bauer das Pferd nahm* (gleiche Besetzung, 1968), *Der unzufriedene Schneemann* (gleiche Besetzung, 1997) und *Das Blaue Kaninchen* (gleiche Besetzung, 2003) sind die Titel dieser nicht nur musikalisch reizvollen Stücke. Auch *Die Moritat vom eigensinnigen Eheweibe* für gemischten Chor, Bass-Solo und Sologitarre (1966), ein Auftragswerk für Siegfried Behrend, ist hier zu nennen. Seine langjährige Bühnenerfahrung macht aus Baumann auch einen Dichter mit dem richtigen Gespür für witzige Themen und spannend erzählte Geschichten.

[48] Vgl. Wilden-Hüsgen, 1995, S. 113ff.

Es fiel Schnee in der Nacht,
leis und sacht
und der See ist erstarrt in weißer Pracht.
Wald und Feld weit und breit
sind verschneit
und die Welt hat ein neues, weißes Kleid.

Nach der Schule und nach Erledigung aller Hausaufgaben
treffen sich die Kinder auf dem Dorfplatz,
um einen Schneemann zu bauen.
Eifrig sind sie bei der Sache, soll es doch der schönste Schneemann
im ganzen Lande sein.

Zwei kleine Kohlen müssen wir holen,
die als Augen trefflich taugen!
Vergesst die Gelbe Rübe nicht,
die pflanzen wir ihm ins Gesicht!
Das ist seine Nase!

Herbert Baumann, der Autor und Dichter:
Ausschnitt aus Der unzufriedene Schneemann *(1997).*

Viele von Baumanns Werken für Zupforchester sind für Laien komponiert, sie sind technisch nicht allzu kompliziert, dafür äußerst wirkungsvoll. Sie reißen mit und wecken Spielfreude, gerade am gemeinsamen Musizieren, wie etwa die *Andalusische Serenade* (1986). Aber er komponiert auch technisch anspruchsvolle Konzertstücke: 1958 entsteht das *Konzert für Gitarre und Streichorchester*, das Siegfried Behrend zur Uraufführung bringt. Später arrangiert Baumann den Orchesterpart für Gitarre und Zupforchester (1982).

Außergewöhnliche Besetzungen findet man ständig in Baumanns Musik. Auch im Bereich der Zupfmusik geht er neue Wege. Schon 1955 gibt er einer Mandoline den Solopart in einem Konzert (*Konzert für Mandoline und Streichorchester*, Vogt & Fritz), 1991 komponiert er das *Würzburger Konzert* für zwei Gitarren und Streichorchester. Auch dieses Konzert überarbeitet er ein Jahr später und setzt die erste Gitarrenstimme für Mandoline aus. Zudem entsteht eine Fassung für Flöte, Gitarre und Streichorchester (erschienen bei Vogt & Fritz).

Gute Kontakte zu den einzelnen Interpreten spielen eine große Rolle in Baumanns Schaffen. Sein Teamgeist, den er sich aus seiner Theaterzeit bewahrt hat, und sein freundliches, bescheidenes Wesen machen die Zusammenarbeit mit ihm für jeden Musiker angenehm. Das führt nicht nur zu vielen weiteren Aufträgen, sondern auch zu tiefen Freundschaften. Das Duo Gertrud Tröster (jetzt Weyhofen) und Michael Tröster, beide exzellente Musiker auf Mandoline und Gitarre, sind ein Beispiel für eine solch fruchtbare Zusammenarbeit. Baumann komponiert für das Duo seine *Sonata capricciosa* für Mandoline und Gitarre (1988), ein Werk, das so begeistert, dass sich Gertrud und Michael Tröster bei ihren Auftritten fortan »Duo Capriccioso« nennen. Gertrud Weyhofen erinnert sich: »Wir haben dieses Werk mit seiner launischen, kapriziösen Anlage sehr gerne gespielt. Sowohl Mandoline als auch Gitarre haben in diesem Werk viele Möglichkeiten, ›ihre Launen‹ im Zusammenspiel und Wechselspiel bestens darzustellen: durch einerseits rhythmisch lebendige, kraftvolle Passagen, andererseits sensible, kantilenenartige Melodien. Dieser Titel beeinflusste schließlich unsere Namensgebung, denn, so waren wir eben: heiter, launisch, kapriziös, überraschend … Wir haben dieses Werk lange im Repertoire gehabt, so wie andere Werke, die aus der Feder Herbert Baumanns stammen.«

Herbert Baumann seinerseits ist von der Interpretation seines Werkes so angetan, dass er aus der Sonate ein ganzes Konzert für Mandoline und Zupforchester macht, das *Concerto Capriccioso* (1989). Erfreulicher könnte das Verhältnis zwischen Komponisten und Interpreten nicht sein – der Komponist muss keine Sorge tragen, dass seine Werke auch gespielt werden, die Interpreten erhalten auf sie und ihr Instrument individuell ausgerichtete Stücke.

»Ich wollte, dass es für Mandoline und Gitarre ein größeres Repertoire gibt. Und dass das Ansehen dieser Instrumente steigt. Die werden ja zu oft als ›Zupfgeigenhansel‹ belächelt, im Gegensatz zu vermeintlich besseren Instrumenten wie die Geige oder das Klavier«, erzählt Herbert Baumann. Diese Äußerung spiegelt auch eine Besonderheit, die den Komponisten auszeichnet: Prestigedenken oder falsche Eitelkeiten sind ihm vollkommen fremd.

Concerto Capriccioso

für Mandoline
und Zupforchester

Herbert Baumann

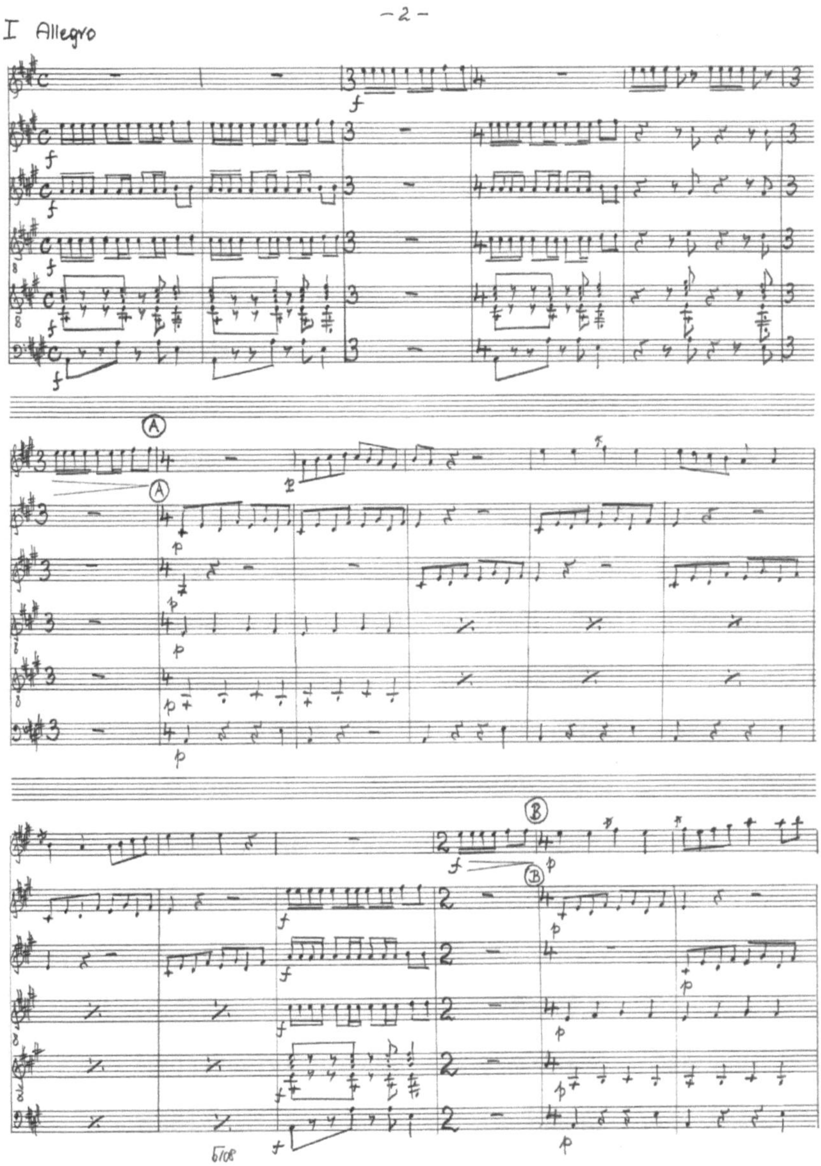

Concerto Capriccioso (1989) – Deckblatt und Partitur in Herbert Baumanns Handschrift.

Stiften – aber wie?

Die Laienmusik ist Herbert Baumann schon immer ein wichtiges Anliegen gewesen. Und da er finanziell dazu in der Lage ist, ist es eine Herzensangelegenheit für ihn, sich in diesem Bereich noch mehr zu engagieren. »Ich möchte die jungen Leute an die Musik heranführen, deshalb kam mir die Idee, eine Stiftung ins Leben zu rufen. Dann bin ich mit meiner Idee zu den zuständigen Behörden gegangen, die fanden das natürlich sehr schön: ›Das ist ja fantastisch, Herr Baumann, hier haben Sie die nötigen Formulare.‹ Dann bin ich mit einem Packen Papier nach Hause gegangen, hab mir das alles von vorne bis hinten durchgelesen – und war geschockt! So viel Papierkram, so viele Auflagen, ich möchte etwas spenden, eine Stiftung gründen, nicht mir über die Maßen Arbeit aufhalsen!«

Der ehrgeizige Plan droht zu scheitern – an der Bürokratie. Aber wie es der Zufall so will, findet sich auch hier eine Lösung.

Gerhard Vogt vom Verlag Vogt & Fritz ist selbst Gitarrist und kennt Baumanns Werke für Zupfinstrumente gut. Er möchte zudem die *Traunsteiner Bläsermusik* (komponiert 1986 als Auftragsarbeit des Bayerischen Rundfunks und des Landesverbands Bayerischer Tonkünstler) in seinem Verlag herausbringen. Bei einem gemeinsamen Treffen erzählt Baumann ihm von der geplanten Stiftung und dem ganzen Ärger damit. »Da meinte Vogt: ›Weißt du was, ich mache das für dich!‹« Vogt übernimmt von da an als Stiftungsvorstand sämtliche Arbeit und den anfallenden »Papierkram«. 1998 wird schließlich die Herbert-Baumann-Stiftung mit Sitz in Schweinfurt ins Leben gerufen.

Zweck der Stiftung ist anfangs die Förderung der Zupfmusik. Dazu sollen Konzerte, Wettbewerbe und Festivals ausgerichtet werden, bei denen nach Möglichkeit mindestens ein Werk von Herbert Baumann aufgeführt werden soll. Gleichzeitig sollen die Instrumente Gitarre und Mandoline aufgewertet werden.[49] Inzwischen ist die Beschränkung auf Zupfinstrumente aufgehoben, die Herbert-Baumann-Stiftung dient nun der Förderung der Musik allgemein. Eine weitere schöne Entwicklung ist, dass sich unter dem Namen *Musikforum Schweinfurt* mittlerweile mehrere Stiftungen zusammengeschlossen haben. Ein größeres Budget erlaubt nun eine umfassendere Förderung, mehr Konzerte,

[49] Vgl. http://www.miz.org/index.php?seite=details&id=13032

Wettbewerbe und höher dotierte Preise. »Wenn wir uns dann alle mal treffen und es um die Anfänge der Stiftung geht, dann heißt es oft: ›Herbert, du warst der Initiator! Ohne dich würde es die Stiftung in dieser Form gar nicht geben!‹ Das macht mich dann schon ein bisschen stolz«, erzählt Herbert Baumann.

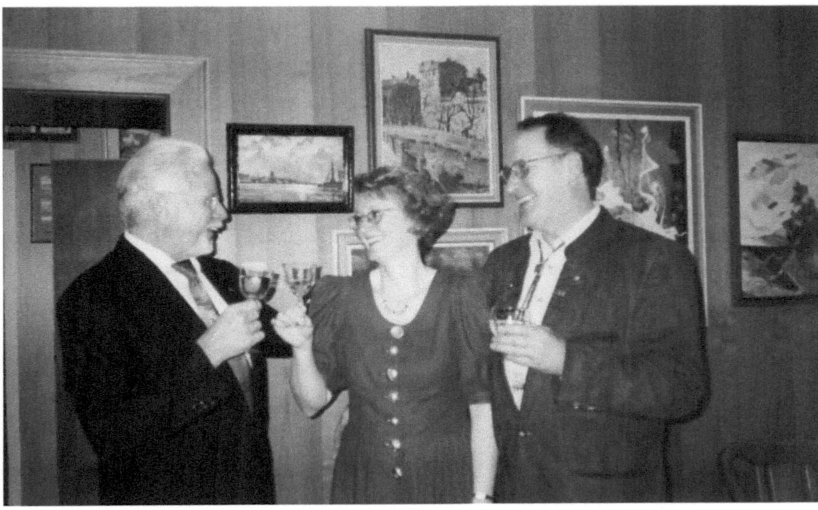

Gründung der Herbert-Baumann-Stiftung (1998): Herbert Baumann mit Elke Tober-Vogt und Gerhard Vogt.

Außermusikalische Interessen

Die Musik ist nicht die einzige Kunst, der sich Herbert Baumann widmet, auch die moderne Malerei fasziniert ihn. Schon als Student besucht er Ausstellungen der *Brücke-Maler*[50] und von Mitgliedern des *Blauen Reiters*,[51] die ihn mit ihren kräftigen Farben und ihrer Ausdrucksstärke begeistern: »Man kannte ja nur diesen Kitsch von den Nazis, jetzt gab es plötzlich diese Bilder. Das haute einen um!« Seit dieser Zeit wächst auch sein Interesse für die naive Malerei. Bald wird er zum leidenschaftlichen Sammler – die Wände seines Arbeits- und Wohnzimmers zieren Bilder von Malern wie Josip Generalić (1935–2004) und Max Raffler (1902–1988) oder von Malerinnen wie Minna Ennulat (1901–1985) und Emma Stern (1878–1970). Auch eine große Zahl an Kunstbänden nennt Baumann sein Eigen. Bei so viel Begeisterung für die bildende Kunst ist es nicht verwunderlich, dass Baumann schnell sein eigenes Talent für die Malerei entdeckt. So entstehen in den 60er-Jahren die »Wunschträume«, detailreiche, farbenfrohe Bilder im Stil der »Naiven« (siehe S. 99)

Auch Marianne Baumann wird auf dem Gebiet der bildenden Kunst kreativ: im Gegensatz zu ihrem Mann jedoch nicht mit Pinsel und Farbe, sondern mit Fotoapparat und Computer. »Ich wollte immer schon einen Computer haben, aber Herbert war dagegen, ein Computer koste ja nur Zeit, Geld und vor allem Nerven!«, lacht Marianne. 2009 kann sie ihren Mann dann doch überzeugen: Mit 79 Jahren bekommt sie ihren ersten Computer. Schnell findet sie sich mit dem neuen technischen Gerät zurecht. Viele Fotografien von ihrer Digitalkamera bearbeitet Marianne am Computer und druckt sie selbst aus.

Diese Bilder sieht Sven Ahnsjö, ein befreundeter Münchner Cellist, als er bei Baumanns zu Besuch ist. Sie gefallen ihm außerordentlich gut, und er hat eine Idee: Im Rahmen des Festivals »München 2010 –

[50] Die Künstlergruppe *Brücke* ist eine 1905 gegründete Vereinigung von Malern des Expressionismus. Vgl. http://www.bruecke-museum.de/bruecke.htm

[51] *Der Blaue Reiter* ist eine 1911 in München gegründete Künstlergruppe um den Maler Wassily Kandinsky. Vgl. http://www.dhm.de/lemo/html/kaiserreich/kunst/reiter/

Herbert Baumann und Freunde«[52] findet auch ein Konzert im Münchner Movimento statt und eine Ausstellung der Fotos zu diesem Anlass würde gut passen.

Marianne ist das bloße Fotografieren aber nicht genug: »Schöne Bilder machen viele, Ausstellungen mit Fotografien gibt es auch genug, ich möchte etwas Besonderes machen!« Und so entstehen am Computer Bilder verfremdeter Fotografien, die unter dem Titel *Metamorphosen, fotografische Fantasien von Marianne Baumann* im Movimento ausgestellt werden (siehe S. 100–104)

Fotografien, dieses Mal jedoch im originalen Zustand, sind auch Bestandteil zweier handgeschriebener Familienchroniken, die Marianne und Herbert für ihre beiden Söhne in liebevoller Detailarbeit vor Jahren angefertigt haben. Mit der ihr eigenen Neugier und gutem Spürsinn recherchiert Marianne die Familiengeschichte bis ins 18. Jahrhundert zurück: »Die Wurzeln meiner Familie lassen sich weit zurückverfolgen. Der älteste Brose, der sich nachweisen lässt, ist Peter Brose, Kassate[53] in Brandenburg, er starb 1755. Sein Sohn Johannes, der 1721 geboren wurde, arbeitete schon als Schiffer. Auch die nachfolgenden Generationen waren Fischer und Schiffseigner. Von Friedrich Brose, geboren 1797, existiert sogar noch ein Bürgerbrief. Er war es auch, der 1825 die ›Schifffahrt zwischen Potsdam und Berlin‹ gründete, die meine Familie später zu reichen Leuten machte.«

Auch Herbert Baumann verfolgt den Stammbaum seiner Familie akribisch nach. Für ihren Sohn Michael schreibt er auf Deutsch, Peter bekommt ein englisches Exemplar. »Wir haben Michael die Chronik zum 25. Hochzeitstag geschenkt, Peter zur Geburt seines ersten Sohnes. Es war unglaublich viel Arbeit, aber ein wunderschönes Zeugnis unserer Familiengeschichte«, lächelt Marianne.

Nicht erst seit ihrer Zeit im geteilten Berlin wissen die Baumanns das Reisen sehr zu schätzen. Schon sein Beruf bringt es mit sich, dass Herbert Baumann in den verschiedensten Städten arbeitet. Auch privat zieht es ihn und Marianne in die Ferne. Vor allem Kreuzfahrten haben es ihnen angetan. Baumanns sind durch Europa und Nordafrika sowie kreuz und quer durch Amerika gereist. Sohn Peter lebt dort mit seiner Familie, bei ihren vielen Besuchen ergreifen Herbert und Marianne die Gelegenheit und lernen Land und Leute kennen. Aber zu Hause sind sie jetzt in Bayern. Auf vielen Ausflügen erkunden sie ihre neue Heimat.

[52] Anlass für diese Konzertreihe ist Herbert Baumanns 85. Geburtstag.

[53] Kassate = Tagelöhner.

Bürger-Brief.

Nr. 2743.

Wir Ober-Bürgermeister,
Bürgermeister und Stadträthe

der Königl. Preuß. Residenz-Stadt Potsdam, urkunden und bekennen hierdurch, daß Wir [illegible]

[illegible] Brose

auf geziemendes Ansuchen und nachgewiesener Qualification zum Bürger angenommen haben, Ihn auch dadurch der einem hiesigen Bürger zustehenden Rechte und Gerechtsame, theilhaftig machen wollen. Da nun derselbe zur Versicherung seiner Treue und Gehorsams, nachgesetzten Bürger-Eid geleistet hat:

Ich [illegible] Brose

gelobe und schwöre daß ich, nachdem ich von Einem Hochedlen Magistrat zum Bürger angenommen worden, Seiner Königlichen Majestät von Preußen, meinem Allergnädigsten Könige und Herrn, getreu und unterthänig, auch Einem Hochedlen Magistrat der Stadt Potsdam, gehorsam und gewärtig seyn will. Ferner schwöre ich das Beste dieser Stadt und Bürgerschaft nach meinen Kräften zu befördern, Schaden und Nachtheil abzuwenden und alle mir als Bürger obliegende Pflichten

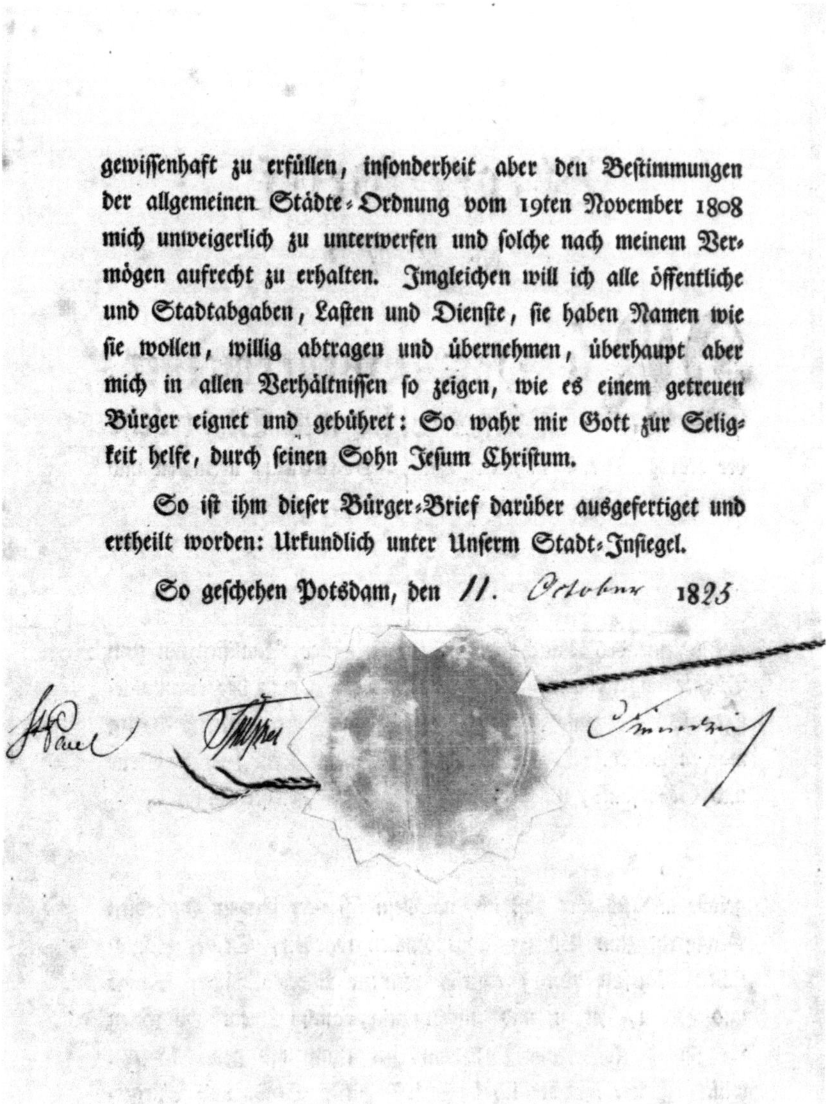

gewissenhaft zu erfüllen, insonderheit aber den Bestimmungen der allgemeinen Städte-Ordnung vom 19ten November 1808 mich unweigerlich zu unterwerfen und solche nach meinem Vermögen aufrecht zu erhalten. Imgleichen will ich alle öffentliche und Stadtabgaben, Lasten und Dienste, sie haben Namen wie sie wollen, willig abtragen und übernehmen, überhaupt aber mich in allen Verhältnissen so zeigen, wie es einem getreuen Bürger eignet und gebühret: So wahr mir Gott zur Seligkeit helfe, durch seinen Sohn Jesum Christum.

So ist ihm dieser Bürger-Brief darüber ausgefertiget und ertheilt worden: Urkundlich unter Unserm Stadt-Insiegel.

So geschehen Potsdam, den 11. October 1825

Bürgerbrief von Marianne Baumanns Urahn Friedrich Brose (1797).*

Für einige Jahre besitzen sie sogar ein Ferienhaus in Vorauf, einem kleinen Ort in der Nähe des Chiemsees.

Das Ferienhaus ist mittlerweile verkauft – die Liebe zum Voralpenland jedoch geblieben: Jedes Jahr fahren Baumanns mehrmals nach Bad Wiessee am Tegernsee. Dort lässt es sich nicht nur bei malerischer Kulisse sehr gut leben, Baumanns nutzen die Zeit auch für Kuraufenthalte.

Jeden ersten Mittwoch im Monat steht ein besonderes Treffen an: der Komponistenstammtisch, an dem bald auch Sänger, Instrumentalisten und Dirigenten teilnehmen. In der »Piazzetta«, einem italienischen Restaurant am Weißenburger Platz in München-Haidhausen, kommt Baumann mit Münchner Kollegen zusammen, man unterhält sich, tauscht sich aus und – komponiert! Sogar Konzerte werden durchgeführt, wo neben »normalen« Werken auch einige »Experimente« zur Aufführung kommen: »Das war wirklich spannend, wir haben nämlich alle zusammen ein Stück geschrieben. Der Erste hat angefangen, ein paar Zeilen geschrieben, der Zweite hat das fortgesetzt. Der Dritte durfte aber nur lesen, was der Zweite vor ihm komponiert hat – so eine Art ›Stille Post‹. Das war ein Spaß!«

Mitglieder des Stammtischs sind unter anderem Anton Ruppert, Rudi Spring, Max Beckschäfer, Jörg Duda und Dorothee Eberhardt.

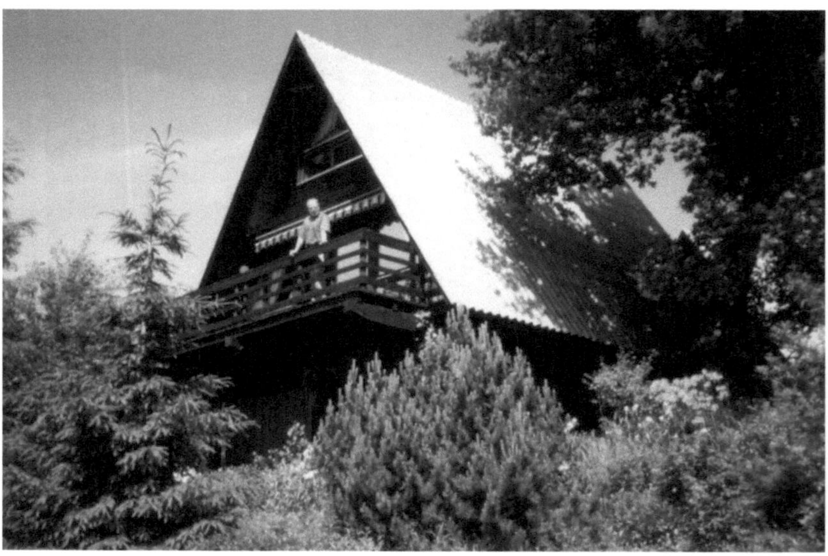

Herbert Baumann im Jahr 1974 auf dem Balkon seines Ferienhauses in Vorauf am Chiemsee.

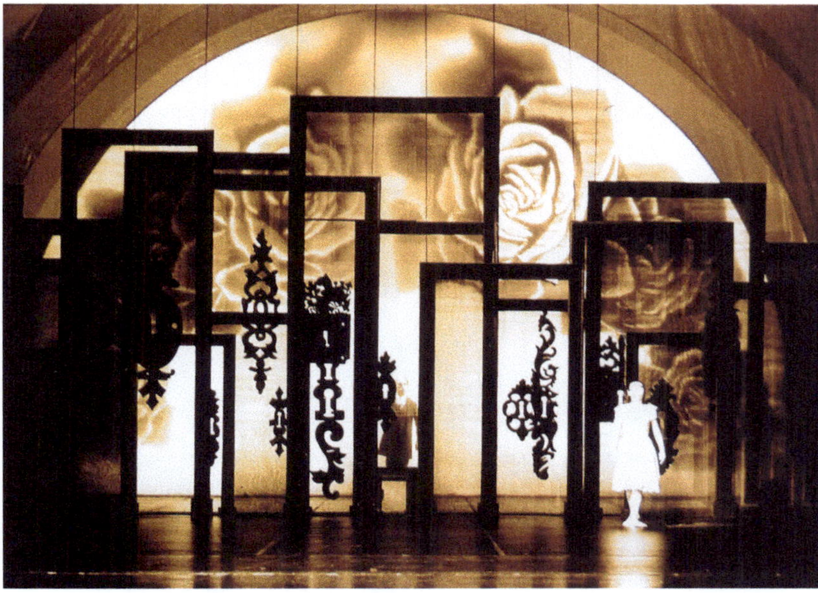

Ballettaufführung von Alice im Wunderland *am Hessischen Staatstheater Wiesbaden, 1982.*

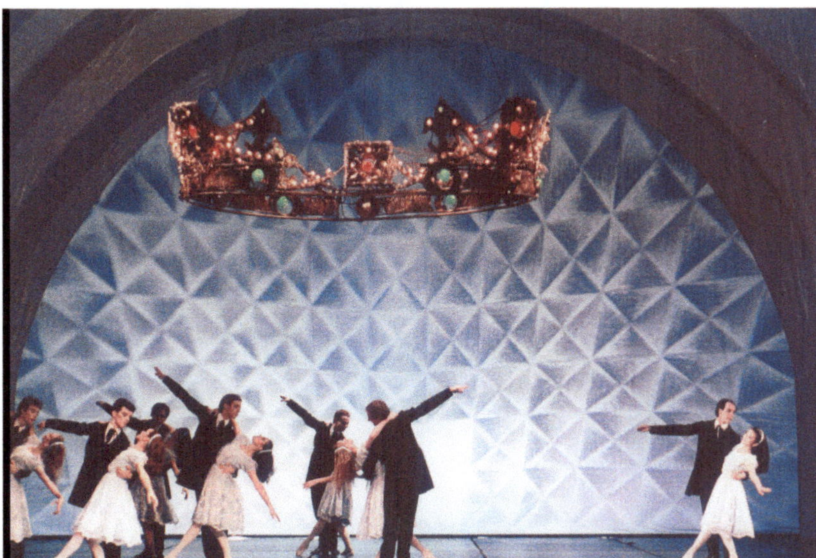

Zauberhafte Bühnenbilder und eine spannende Geschichte, nicht nur für Kinder: Alice im Wunderland *in Wiesbaden, 1984.*

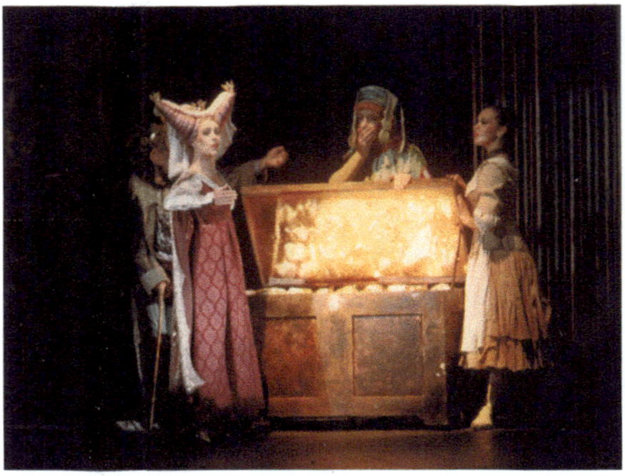

Ein Werk, unterschiedlichste Inszenierungen: das Ballett Rumpelstilzchen *in Augsburg, Kaiserslautern und Nordhausen (von oben nach unten).*

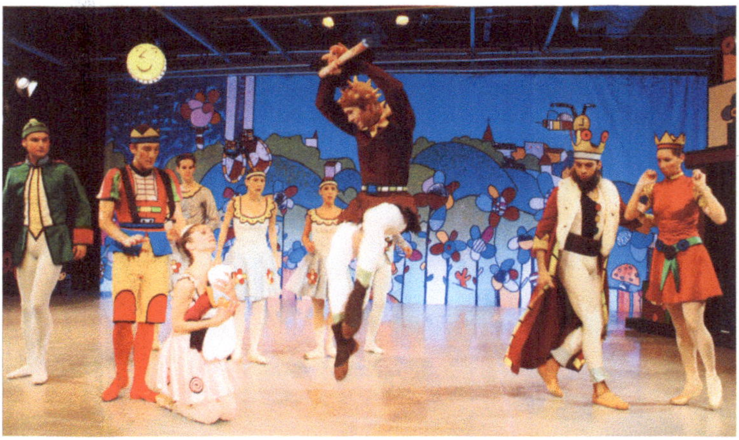

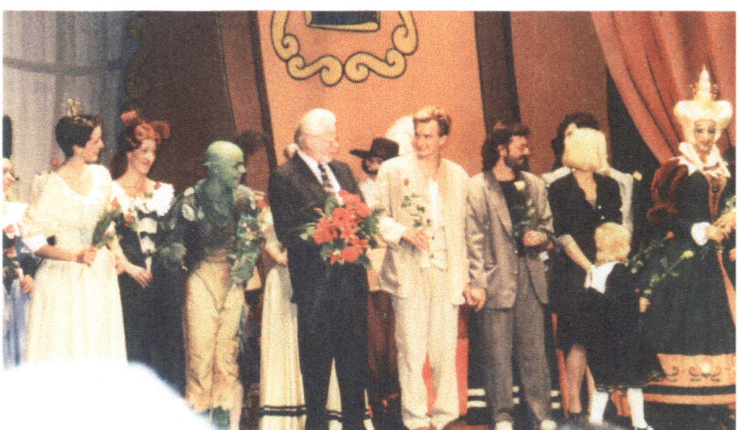

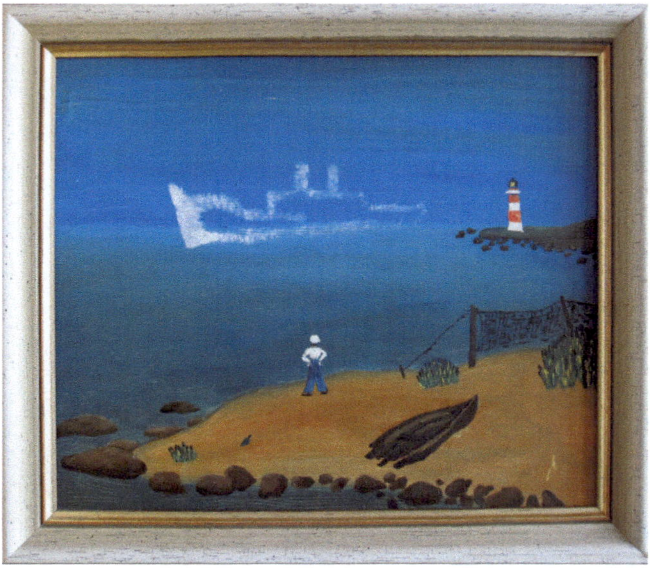

Die Bilderserie Wunschträume *von Herbert Baumann.*

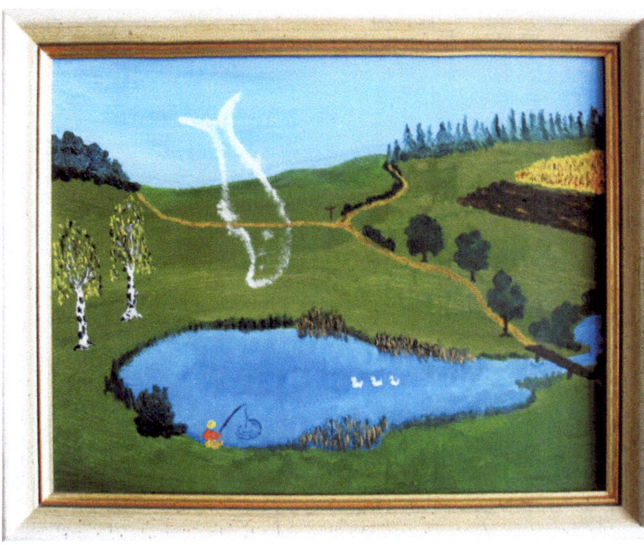

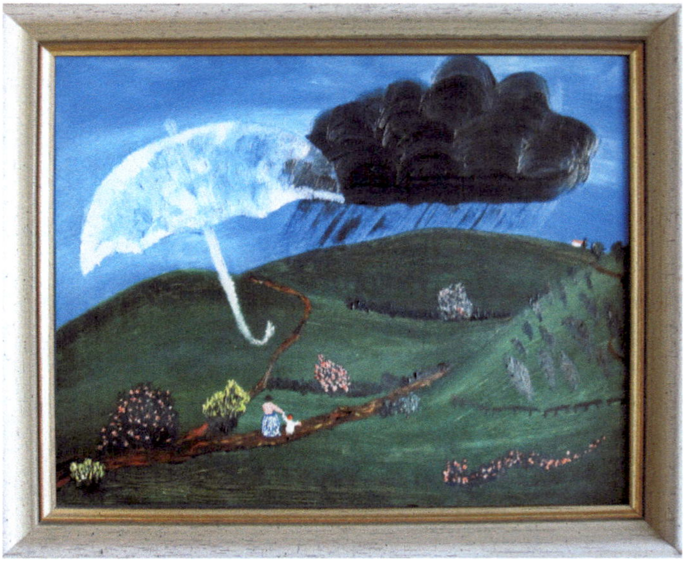

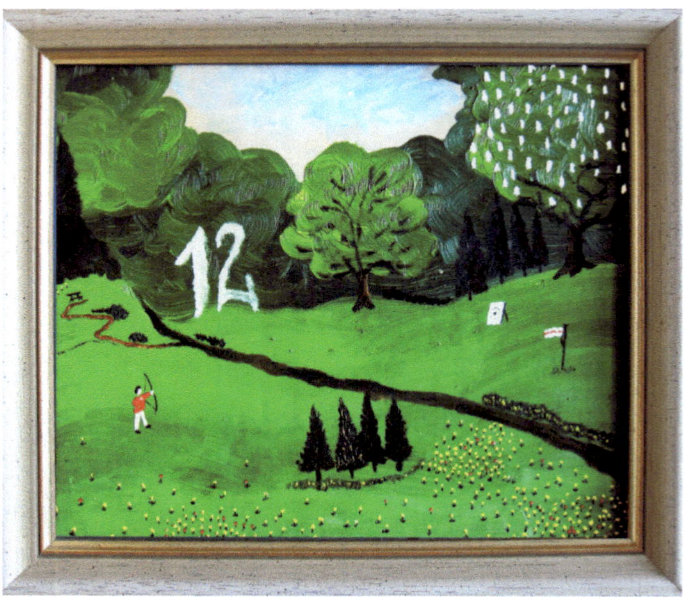
12

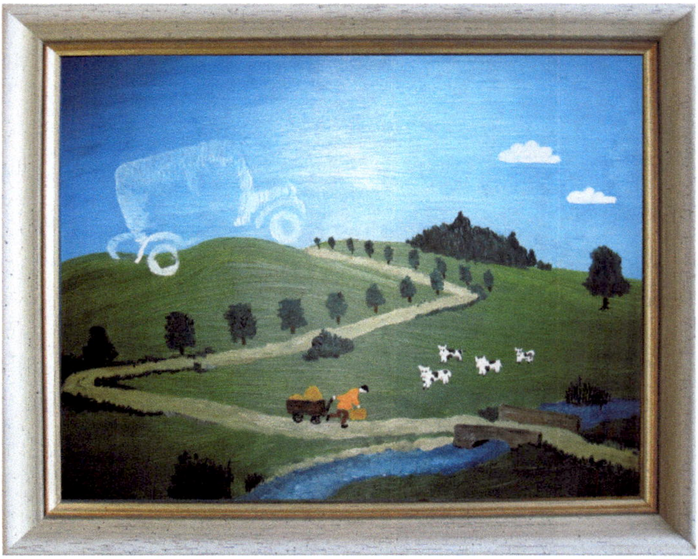

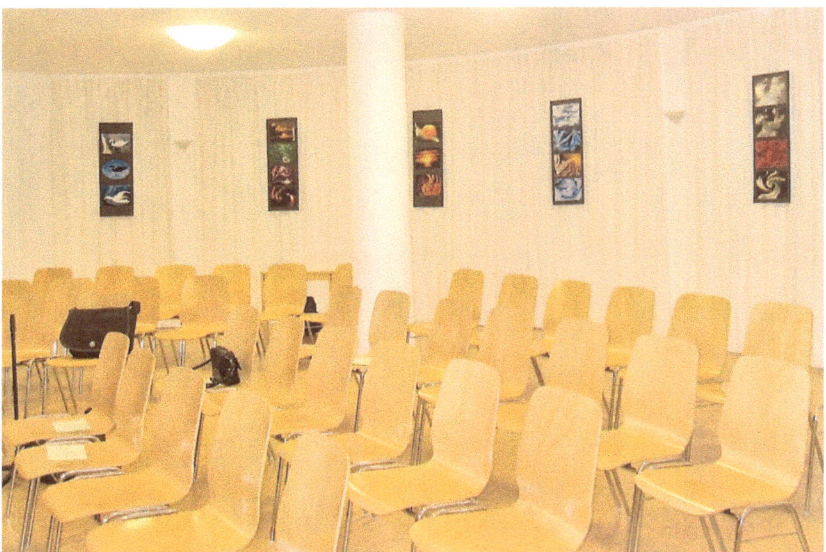

Ausstellung mit Fotografien von Marianne Baumann im Münchner Movimento, 2010.

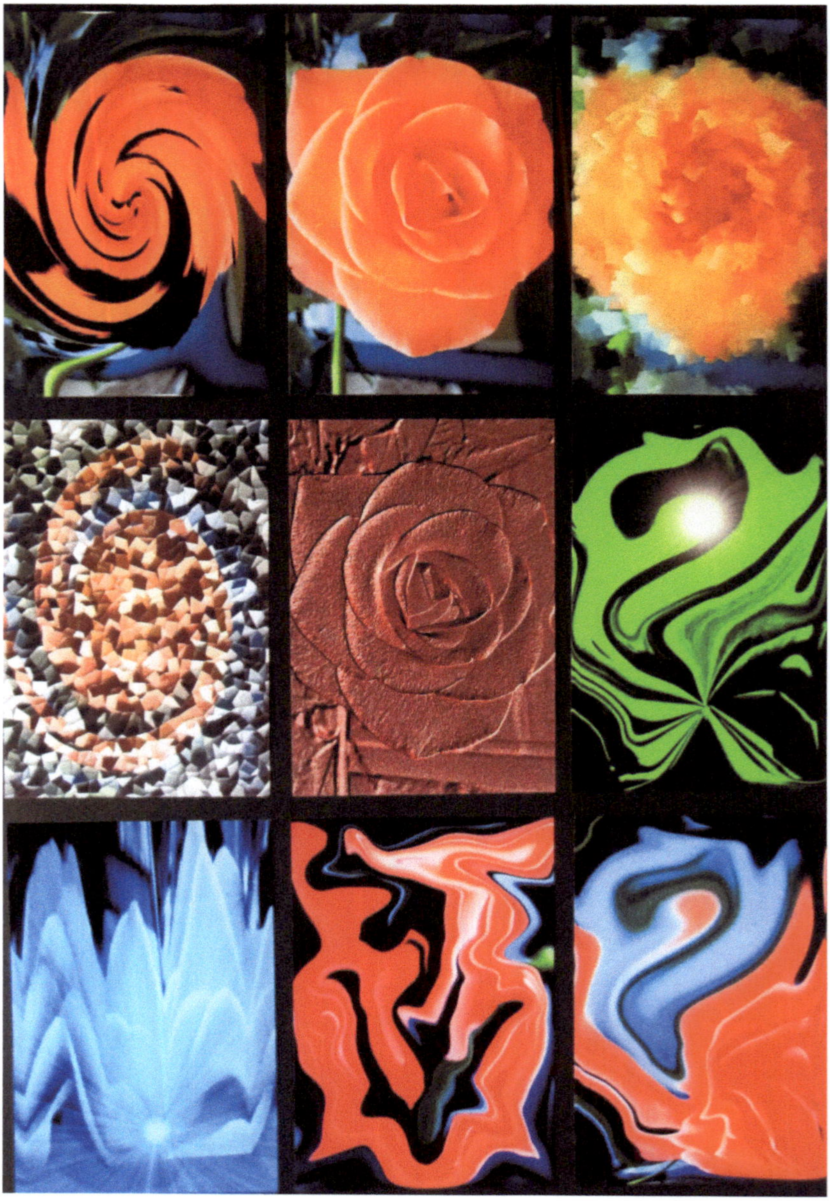

Verwandlungen einer Rose

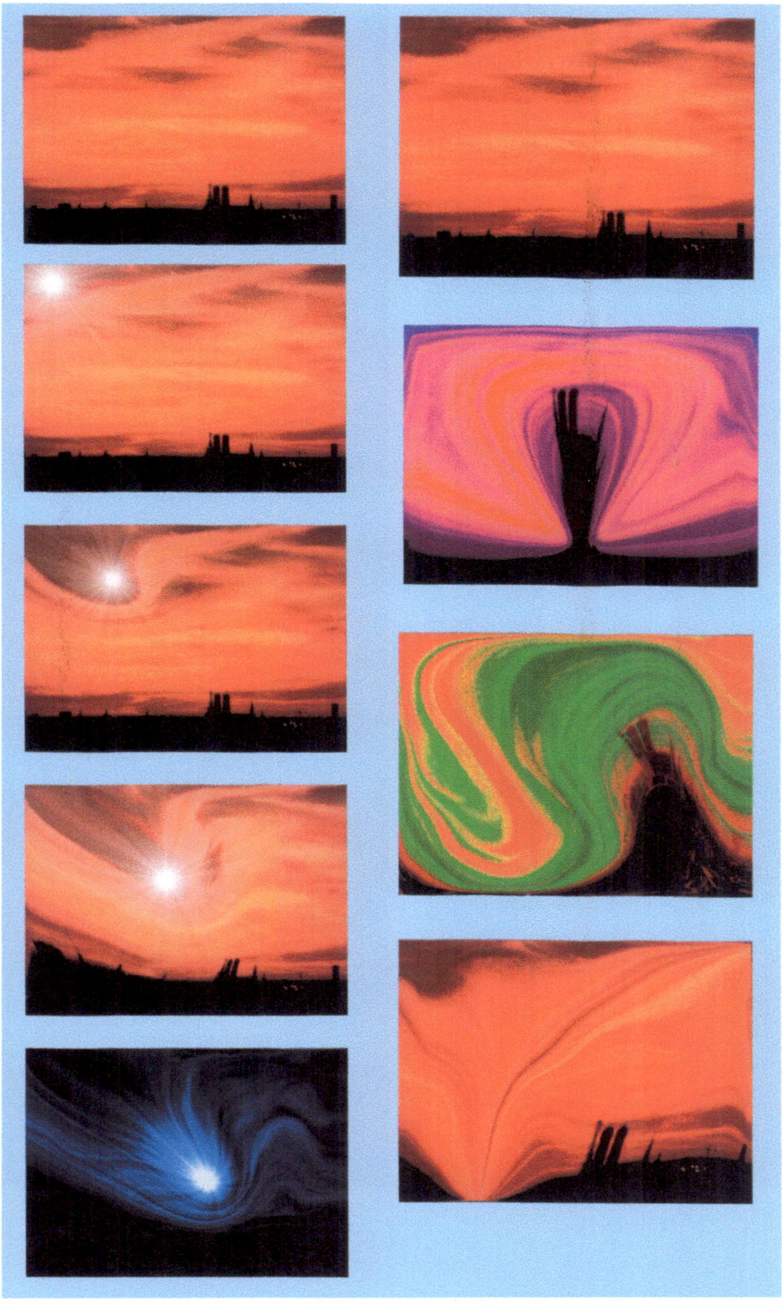

Links: Komet; *rechts:* Aspekte der Münchner Frauenkirche.

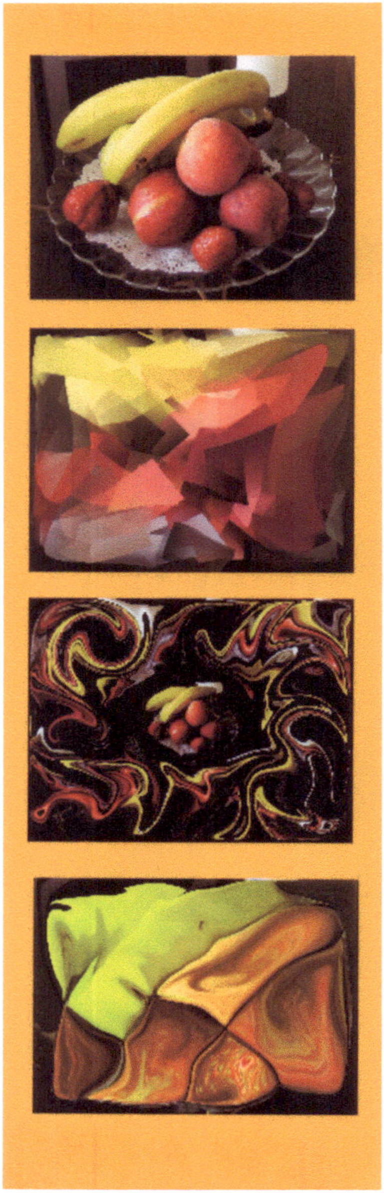

Obstteller

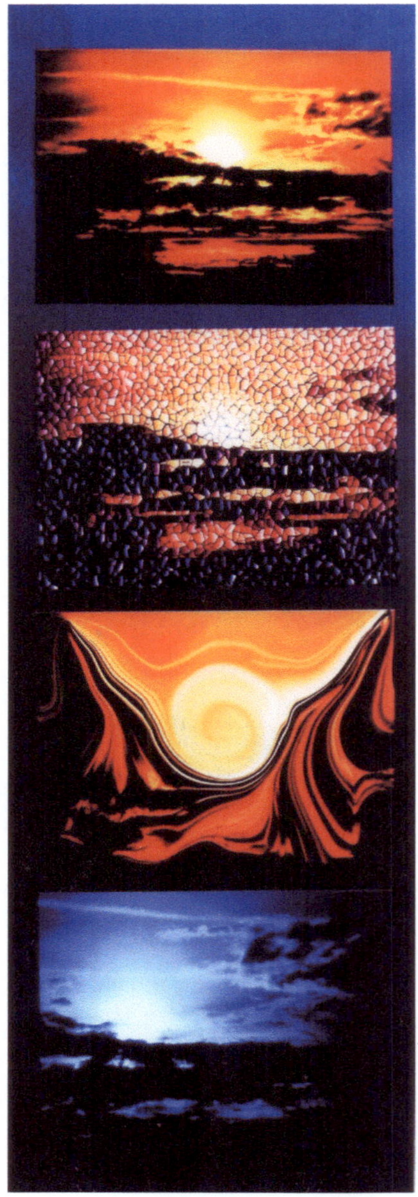

Abendhimmel

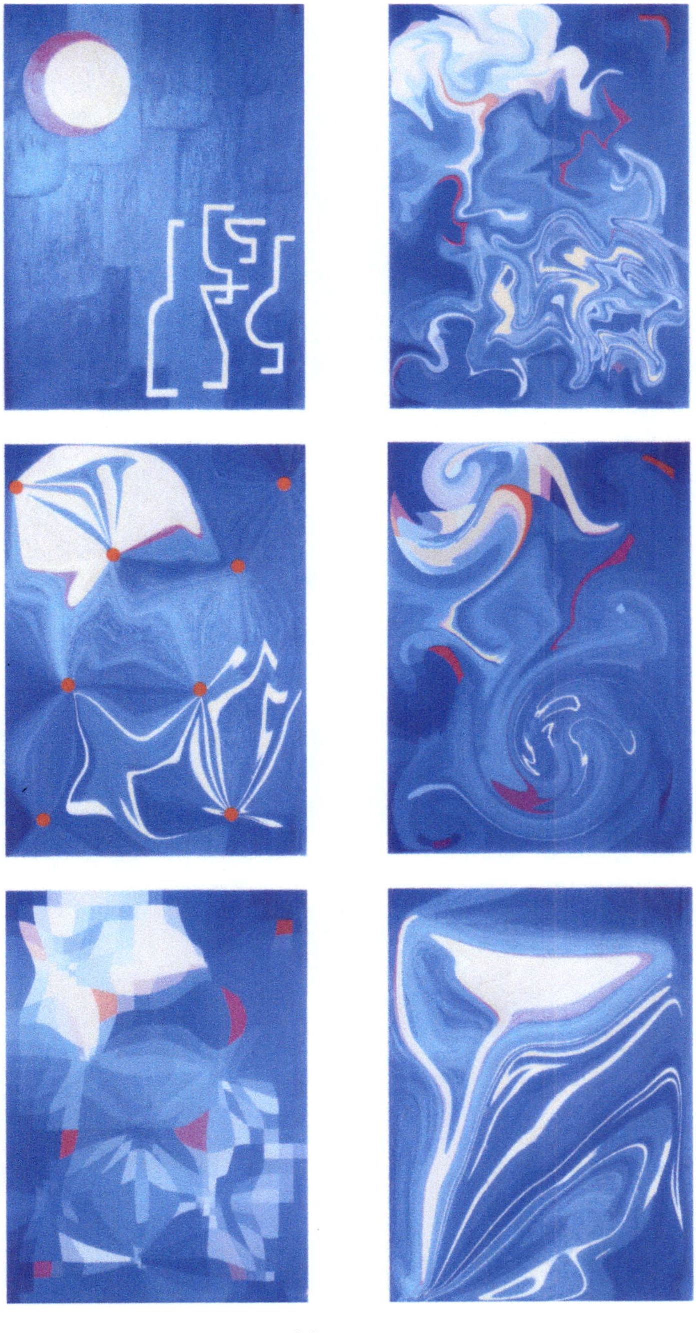

Notturno

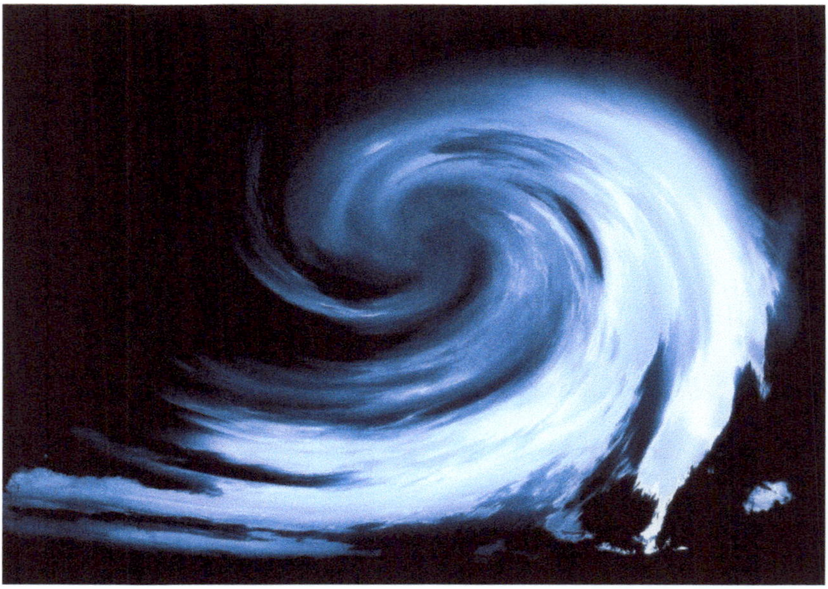

Große Woge

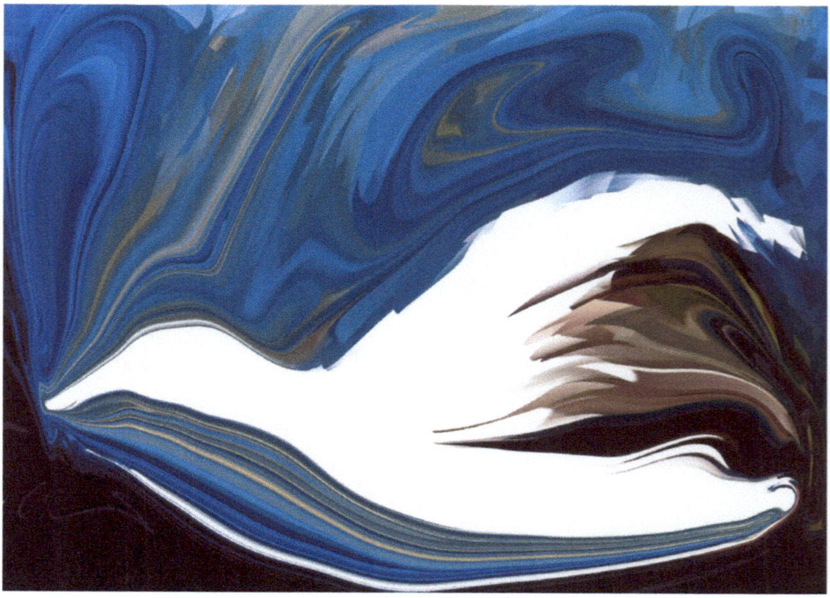

Schwan

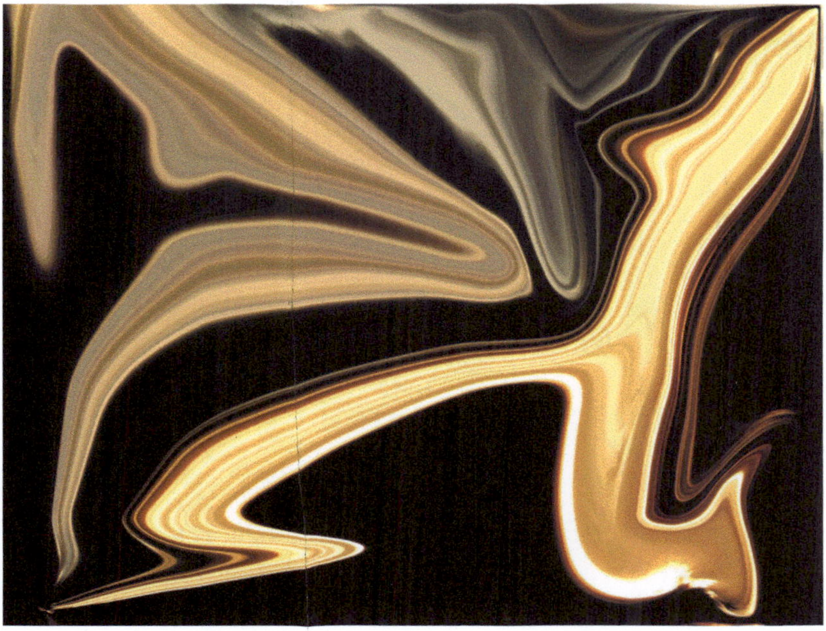

Erotik

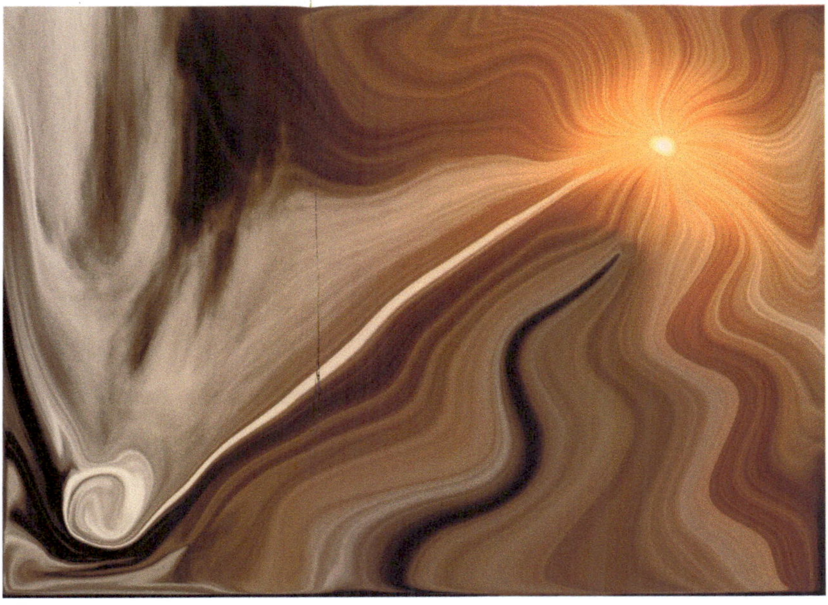

Verstoßen

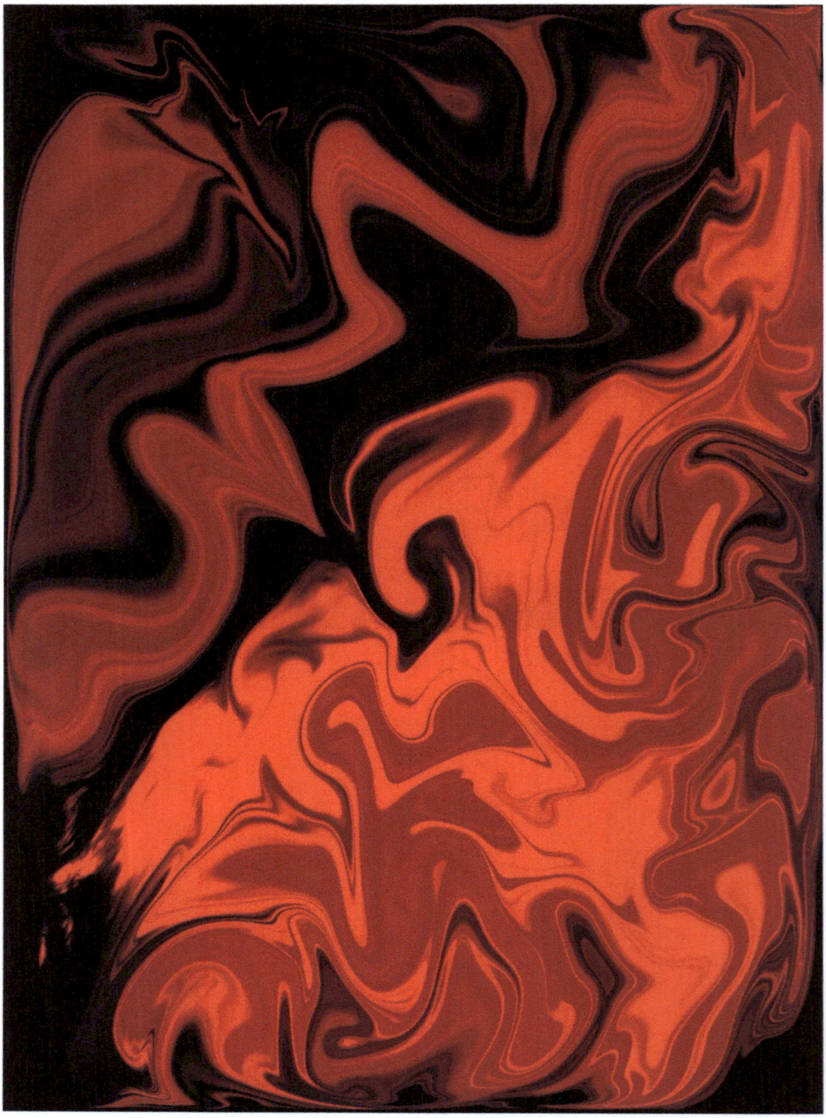

Bordell

Gegen den Strom

Pierre Boulez, Luciano Berio und Giselher Klebe[54] sind 1925 geboren, im selben Jahr wie Herbert Baumann. Györgi Ligety, Hans Werner Henze und Luigi Nono zählen ebenso zu seiner Generation. Ihre Musiksprache unterscheidet sich dennoch von der Baumanns. Viele Komponisten des 20. Jahrhunderts brechen mit den traditionellen Hörgewohnheiten, suchen immer neue Wege für Klangsprache und Rhythmus, immer neue Ausdrucksmöglichkeiten. Nicht selten entsteht dabei ein Werk »für die Schublade«, das kein oder nur ein kleines Publikum findet.[55] Bei Herbert Baumann ist das anders. Er komponiert nach Auftrag, beispielsweise für ein bestimmtes Ensemble wie die Philharmonischen Geigen Berlin,[56] deren Leiter Laurentius Dinca sich erinnert: »Nachdem ich zufällig das Würzburger Konzert für zwei Gitarren und Streichorchester von Herbert Baumann gehört hatte, rief ich den Komponisten in München an und bat ihn, ein Stück für unser neu gegründetes Ensemble [...] zu schreiben. Als ich zwei Monate später mit den Berliner Philharmonikern nach München kam, hatte Herr Baumann die *Verwandlungen eines Barockthemas* [1992] fertig. Das Stück war geigerisch geschrieben, der Pianist war genauso begeistert. Die Musik ist sehr abwechslungsreich, virtuos, sehr rhythmisch, und es macht Spaß, sie zu spielen. Jetzt gehört das Stück zu unserem Repertoire und das Publikum nimmt es immer sehr gern auf.«[57]

[54] Giselher Klebe wirkte seit 1947 am Deutschen Theater Berlin als Bratschist unter Baumanns Leitung in der Bühnenmusik mit.

[55] Vgl. Messmer, 1995, S. 13.

[56] Die Philharmonischen Geigen Berlin setzen sich zusammen aus zehn Violinisten der Berliner Philharmoniker. Die Virtuosen werden von einem Pianisten begleitet, ihr Repertoire umfasst Arrangements bekannter Stücke für zehn Violinen und Piano sowie eigens für dieses besondere Ensemble enstandene Kompositionen. Vgl. http://www.violins-ensemble.de/index.html

[57] Suder, 1995, S. 41.

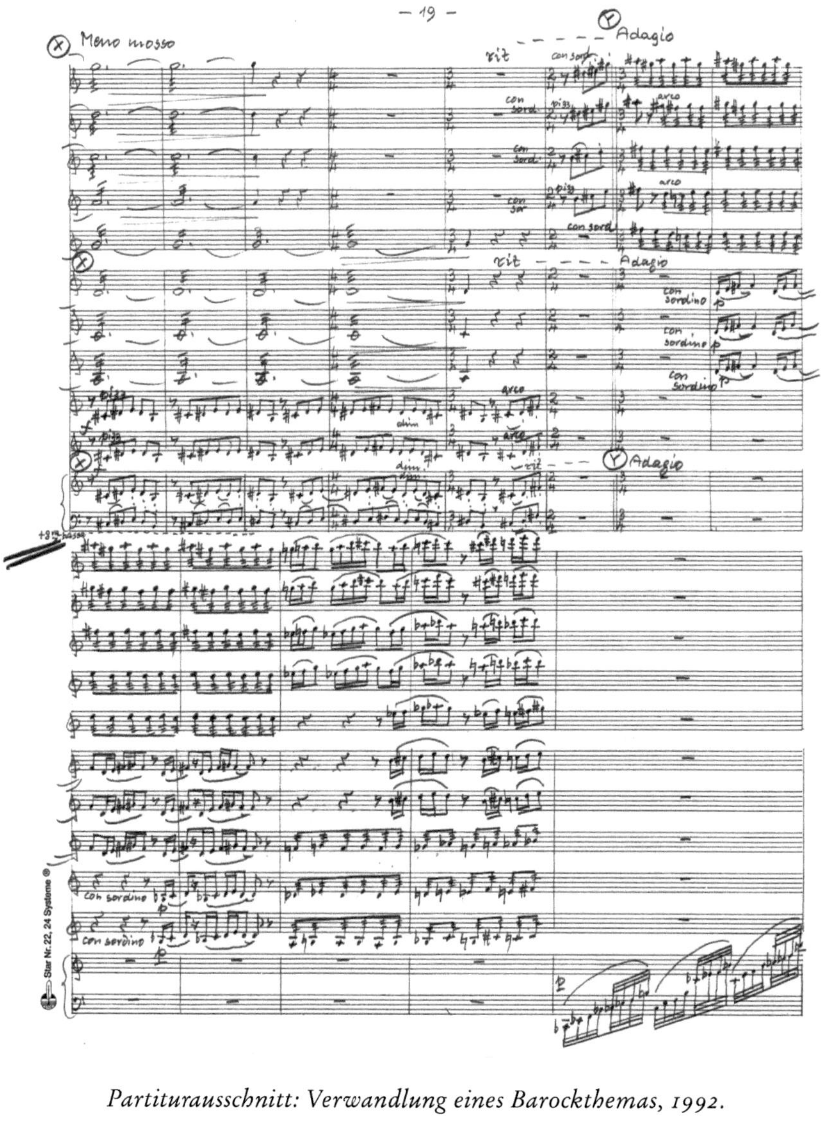

Partiturausschnitt: Verwandlung eines Barockthemas, 1992.

Oder Baumann komponiert für ein Theaterstück. »Das ist vielleicht nicht so hehre Kunst, aber es muss stimmen«, meint Herbert Baumann. Aber muss er sich denn überhaupt rechtfertigen gegenüber einer avantgardistischen Musik, die für sich den Anspruch erhebt, die Bessere zu sein? Nur, weil sie neu, etwas Revolutionäres oder einfach nur schwer verständlich ist? »Schöne« Musik von zeitgenössischen Komponisten, die sich dem Hörer gut erschließt, wird dagegen oftmals als »leicht« oder »wenig tiefgründig« abgetan.

Baumann bedient sich durchaus auch der Tonsprache des 20. Jahrhunderts, man findet in seinen Werken aleatorische Elemente und Zwölftonreihen. Aber was heutzutage auf dem Gebiet der »Neuen Musik« geboten wird, sieht er skeptisch: »Ich denke, viele Komponisten befinden sich da auf einem Irrweg.«

Laut Herbert Baumann sollte man die Menschen eher behutsam an die Musik, insbesondere die »Neue Musik« heranführen: »Ich möchte das Publikum ja nicht aus dem Saal treiben, sondern möchte die Menschen – berühren! Und dazu kann ich nicht Musik machen, die so schrecklich ist, dass man nicht mehr zuhören kann. Das hat doch mit Musik nichts mehr zu tun!« Die sogenannte »Moderne« ist ihm eine recht fremde Welt: »Ich möchte dem Zuhörer die Möglichkeit bieten, den Spannungsverlauf der Musik nachzuvollziehen, das Aufblühen der Musik mitzuerleben und schließlich zu spüren: Jetzt neigt sich das Stück dem Ende zu. Diesen emotionalen Vorgang halte ich für äußerst wesentlich.«[58]

Baumann hat zudem eine genaue Vorstellung davon, was für die Qualität einer Komposition von Bedeutung ist: »Nicht der Stil ist es, [...] sondern die Grundidee, das Konzept. Nur wenn die Dramaturgie stimmt, wenn Spannung und Entspannung ausgeglichen sind, fühlt sich der Hörer von der Musik angesprochen. Auch ungewohnten Klängen wird er sich öffnen und dem Verlauf des musikalischen Geschehens bereitwillig folgen.«[59]

Diesem Prinzip ist Baumann immer treu geblieben.

[58] http://www.komponisten.net/baumann/gedanken.htm

[59] Herbert Baumann in einem Brief an Dr. Alexander L. Suder. Suder, 1995, S. 58.

Der wohlverdiente Ruhestand

Mit einem dumpfen Geräusch klappt die Rückseite des Fotoalbums zu. »Warten Sie, ein paar Bilder, die schon in der Staatsbibliothek sind, habe ich auch auf dem Computer«, meint Herbert Baumann. Er geht zu einem kleineren Tisch an der Seite des Arbeitszimmers, wo ein großer PC steht. Schnell hat er den Rechner gestartet, klickt auf eines der auch für ältere Augen gut lesbaren Symbole und schon öffnet sich ein Ordner mit weiteren Fotos. Wovor andere Menschen in Baumanns Alter zurückschrecken, ist für Baumann nichts Ungewöhnliches: Computer, E-Mail, Recherche im Internet – kein Problem!

Das kleine digitale Album auf dem Computer hat Marianne Baumann für ihren Mann angelegt. Darunter sind alte Kindheitsfotos, Familienfotos und eine Aufnahme von Mariannes 80. Geburtstag. Die ganze Familie ist darauf abgebildet:

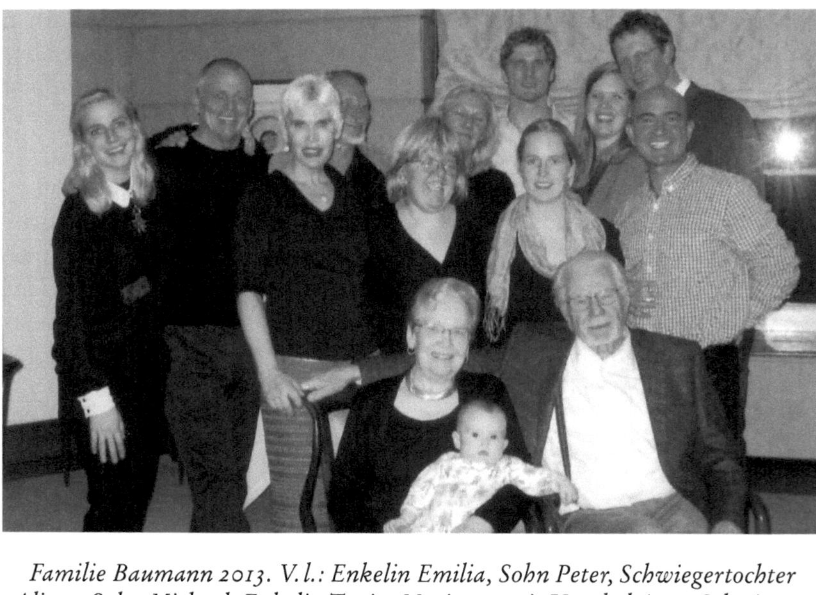

Familie Baumann 2013. V. l.: Enkelin Emilia, Sohn Peter, Schwiegertochter Alison, Sohn Michael, Enkelin Tanja, Marianne mit Urenkel Atay, Schwiegertochter Petra, Enkel Maximilian, Enkelin Wilhelmina, Herbert, Enkelin Sandra mit ihrem Verlobten Florian, Ahmet, Wilhelminas Mann und Vater von Atay.

Neben all den Familienfotos sieht man auf dem Computer auch ein Bild, das Herbert Baumann am Schreibtisch beim Arbeiten zeigt. 86 Jahre ist er, eigentlich müsste er seit über 20 Jahren im wohlverdienten Ruhestand sein. Doch kann ein Komponist überhaupt in Rente gehen? »Mein Klavier habe ich verkauft, mittlerweile lasse ich spielen«, lacht Herbert Baumann, »und das mit dem Komponieren habe ich aufgehört. Naja, sagen wir, eingeschränkt. Ich bin der Meinung, ich habe viel in meinem Leben komponiert. Ich muss nicht noch eine Uraufführung und noch eine haben!« Eigentlich komponiert Herbert Baumann also nicht mehr, »außer, jemand möchte unbedingt ein Stück von mir.« Seine Musik wird eben immer noch »gebraucht«.

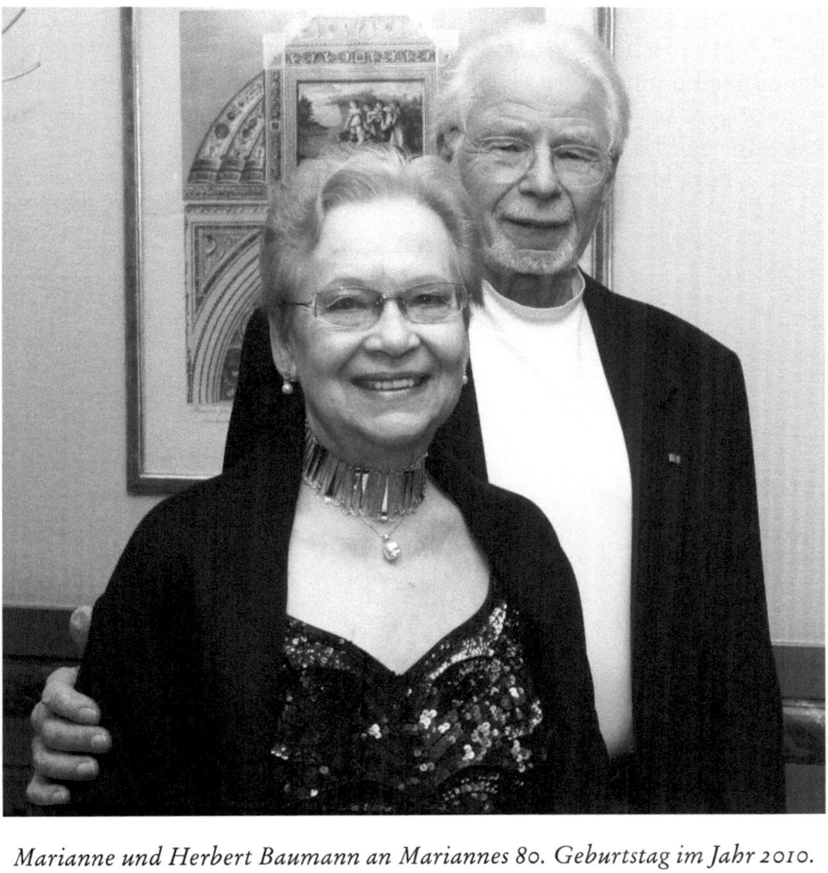

Marianne und Herbert Baumann an Mariannes 80. Geburtstag im Jahr 2010.

Mit seinen 86 Jahren ist Herbert Baumann außerordentlich fit. Das muss er auch sein, denn es gibt immer viel zu tun, wie etwa im Herbst 2010: Anlässlich seines 85. Geburtstages fand eine Konzertreihe statt, das »Festival München 2010: Herbert Baumann … und Freunde«. Vom 8. bis zum 16. Oktober 2010 konnte man seine Werke in vielen Konzerten unter anderem im Gasteig, der Bayerischen Staatsbibliothek, im Steinway-Haus und der Schwabinger Kirche Maria vom guten Rat hören. In der Staatsbibliothek wurde gleichzeitig eine Präsentation seiner Arbeiten eröffnet. Selbstverständlich war Herbert Baumann da präsent, auch wenn das eine wirklich anstrengende Woche war. »Aber das ist ja positiver Stress«, meint er.

Was auch kommen mag, Herbert Baumann sieht der Zukunft mit Gelassenheit und Optimismus entgegen. Sein Gedächtnis ist phänomenal, seine positive Weltsicht hat er sich über all die Jahre bewahrt. Und zum Abschluss blitzt es wieder in seinen Augen auf, wenn er schmunzelnd hinzufügt: »Ich war ja immer offen für alles, habe immer ja gesagt. Es sei denn, dass heut einer kommt und sagt, er möchte ein Stück für 24 Harfen und ein Fagott, da sag ich: Ne, danke!«

Epilog

München, Ende September 2012: Herbert und Marianne Baumann haben den weiten Blick über München eingetauscht gegen eine nicht weniger schöne Sicht auf eine weitläufige Parkanlage. Seit einer Woche lebt das Ehepaar nun im vierten Stockwerk des Seniorenheims Augustinum München-Nord in der Weitlstraße. In einer hübschen Zweizimmerwohnung mit großem Balkon wollen Baumanns ihren Lebensabend verbringen. Die alltäglichen kleineren und größeren Arbeiten, die im Haushalt anfallen, wie das Putzen oder Einkaufen, werden ihnen hier abgenommen, so dass sie die letzten Jahre voll und ganz genießen können. Eine gute ärztliche Versorgung sowie die Möglichkeit, im Alter beschwerlich gewordene Pflichten abgeben zu können, waren mit ein Grund für diesen Schritt. Zudem ist das Augustinum den Baumanns schon länger bekannt, das ein oder andere Werk von Herbert ist dort zur Aufführung gekommen. Und so können sie auch diesem Neuanfang gelassen entgegenblicken: »Nun fängt noch einmal ein neuer Lebensabschnitt an, auf den wir uns richtig freuen!«

Anhang

Literaturverzeichnis

Zitierte Literatur

Kater, Michael H. (1998): *Die missbrauchte Muse. Musiker im Dritten Reich.* München / Wien: Europa Verlag GmbH.

Messmer, Franzpeter (1995): *Das Glück der Kreativität. Herbert Baumanns Leben und Werk.* In: Suder, Alexander L. (Hrsg.): *Komponisten in Bayern. Dokumente musikalischen Schaffens im 20. Jahrhundert. Bd. 32: Herbert Baumann*, S. 13–26, Tutzing: Hans Schneider.

Michels, Ulrich (2000): *dtv-Atlas Musik. Band 1. Systematischer Teil. Musikgeschichte von den Anfängen bis zur Renaissance.* München: Deutscher Taschenbuch Verlag GmbH & Co. KG.

Moszkowicz, Imo (1995): *»... da legen wir Musik drüber!«* In: Suder, Alexander L. (Hrsg.): *Komponisten in Bayern. Dokumente musikalischen Schaffens im 20. Jahrhundert. Bd. 32: Herbert Baumann,* S. 99–103. Tutzing: Hans Schneider.

Palm-Beulich, Helga-Maria (1995): *Alice meets Rumpelstilzchen. Zu den beiden Balletten von Herbert Baumann.* In: Suder, Alexander L. (Hrsg.): *Komponisten in Bayern. Dokumente musikalischen Schaffens im 20. Jahrhundert. Bd. 32: Herbert Baumann*, S. 93–97, Tutzing: Hans Schneider.

Pillau, Horst (1995): *Der Bühnenmusiker Herbert Baumann.* In: Suder, Alexander L. (Hrsg.): *Komponisten in Bayern. Dokumente musikalischen Schaffens im 20. Jahrhundert. Bd. 32: Herbert Baumann*, S. 93–97, Tutzing: Hans Schneider.

Suder, Alexander L. (Hrsg.): *Komponisten in Bayern. Dokumente musikalischen Schaffens im 20. Jahrhundert. Bd. 32: Herbert Baumann.* Tutzing: Hans Schneider.

Weiß, Günther (1995): *Gespräch mit Herbert Baumann im Februar 1995.* In: Suder, Alexander L. (Hrsg.): *Komponisten in Bayern. Dokumente musikalischen Schaffens im 20. Jahrhundert. Bd. 32: Herbert Baumann*, S. 27–40, Tutzing: Hans Schneider.

Wilden-Hüsgen, Marga (1995): *Herbert Baumann und seine Kompositionen für Zupfinstrumente.* In: Suder, Alexander L. (Hrsg.): *Komponisten in Bayern. Dokumente musikalischen Schaffens im 20. Jahrhundert. Bd. 32: Herbert Baumann*, S. 27–40, Tutzing: Hans Schneider.

Zentner, Kurt Dr. (1965): *Illustrierte Geschichte des zweiten Weltkriegs.* München: Südwest Verlag Neumann & Co.K.G.

Zudem verwendete Literatur

Barlog, Boleslaw (1981): *Theater lebenslänglich.* München: Universitas Verlag.

Benz, Ute/Benz, Wolfgang (Hrsg.) (1992): *Sozialisation und Traumatisierung. Kinder in der Zeit des Nationalsozialismus.* Frankfurt am Main: Fischer Taschenbuch Verlag GmbH.

Burrin, Philippe (2004): *Warum die Deutschen?* Berlin: Ullstein Buchverlage GmbH.

Herzfeld, Friedrich (Hrsg.) (1965): *DBG-Musiklexikon.* Frankfurt/Berlin: Ullstein Verlag.

Hilberg, Raul (1997): *Täter, Opfer, Zuschauer. Die Vernichtung der Juden 1933 –1945.* Frankfurt am Main: Fischer Taschenbuch Verlag GmbH.

Klee, Ernst (2007): *Das Kulturlexikon zum Dritten Reich. Wer war was vor und nach 1945.* Frankfurt am Main: S. Fischer Verlag GmbH.

Mast, Mark/Schauer, Werner (Hrsg.) (2001): *Sergiu Celibidache: Über musikalische Phänomenologie.* München: Triptychon Literaturverlag.

Metzger, Rainer (2006): *Berlin. Die 20er Jahre.* Wien: Christian Brandstätter Verlag.

Michael, Friedrich, Daiber, Hans (1990): *Geschichte des deutschen Theaters.* Frankfurt am Main: Suhrkamp Taschenbuch Verlag.

Weber, Hildegard (Hrsg.) (1995): *aufgehoben – aufbewahrt. Bilder und Dokumente aus Deutschland 1933–1948.* Frankfurt am Main: Fischer Taschenbuch Verlag GmbH.

Wulf, Joseph (1983): *Theater und Film im Dritten Reich.* Eine Dokumentation. Wien: Ullstein Verlag.

Zitierte Internetseiten

(alle zuletzt abgerufen am 10.2.2013)

http://www.celibidache.de/biographie.html

http://www.berlin.de/berlin-im-ueberblick/geschichte/weimarer_republik.de.html

http://www.rassengesetze.nuernberg.de/gesetze/index.html

http://www.berlin.de/ba-steglitz-zehlendorf/derbezirk/haw.html

http://www.komponisten.net/baumann/gedanken.htm

http://www.ddr-im-www.de/Themen/Auszeichnungen.htm#Nationalpreis

http://www.dtkvbayern.de/joomla/index.php?option=com_content&view=article&id=168&Itemid=111

http://www.miz.org/index.php?seite=details&id=13032

http://www.bruecke-museum.de/bruecke.htm

http://www.dhm.de/lemo/html/kaiserreich/kunst/reiter/

http://www.violins-ensemble.de/index.html

http://www.dhm.de/lemo/html/nazi/innenpolitik/bdm/

http://www.17juni53.de/home/index.html

http://www.bundespraesident.de/DE/Amt-und-Aufgaben/Orden-und-Ehrungen/Verdienstorden/verdienstorden-node.html

http://www.pnn.de/regionalsport/19131/

http://www.mdr.de/damals/archiv/artikel84882.html

Kommentiertes Personenregister

Ahnsjö, Sven (* 1985): Münchner Cellist, Musikwissenschaftler und Musikpädagoge. Sohn des Tenors Claes H. Ahnsjö (geb. 1942 in Stockholm). Studium der Musikwissenschaft und Pädagogik an der Ludwig-Maximilians-Universität München. Studium Violoncello an der Hochschule für Musik und Theater München bei Sebastian Hess.

Anouilh, Jean (1910–1987): französischer Autor und Dramatiker. Erfolgreiche Aufführungen seiner Stücke u.a. in den 60er Jahren in Deutschland. München, Residenztheater: *Becket oder die Ehre Gottes* mit Thomas Holtzmann. Werke u.a. *Der arme Bitos oder das Diner der Köpfe, Die Schule der Väter.*

Aristophanes (um 450 –um 380 v. Chr.): griechischer Komödiendichter. Häufig aufgeführte Stücke u.a. *Der Frieden, Die Vögel, Lysistrata.*

Bach, Johann Sebastian (1685–1750): deutscher Komponist, Pianist und Organist.

Barlog, Boleslaw (1906–1999): Regisseur. Filmregisseur u.a. von NS-Filmen, nach Meinung Barlogs »lauter Filme, in denen kein ›Heil Hitler‹ vorkam«. Ab 1945 Leiter des Berliner Schlosspark-Theaters, 1951 zusätzlich des Schillertheaters. 1963 Titel Generalintendant. Ab 1972 freie Regietätigkeit.

Bartók, Béla (1881–1945): ungarischer Komponist, Pianist, Musikethnologe und Musikpädagoge.

Baumann, Elfriede, geb. Bade (1898–1979): Herbert Baumanns Mutter.

Baumann, Fritz: Herbert Baumanns Onkel, Bruder von Wilhelm Baumann.

Baumann, Marianne, geb. Brose (* 1930): Herbert Baumanns Ehefrau seit 1951.

Baumann, Michael (* 1951): Sohn von Herbert und Marianne Baumann.

Baumann, Herbert (* 1925): deutscher Komponist (Werkregister Seite 122ff).

Baumann, Peter (* 1953): früher Hans-Peter. Sohn von Herbert und Marianne Baumann.

Baumann, Petra: Michael Baumanns Ehefrau.

Baumann, Wilhelm (1891–1974): Herbert Baumanns Vater.

Beckschäfer, Max (* 1952): deutscher Organist und Komponist.

Behrend, Siegfried (1933–1990): deutscher Gitarrist und Komponist.

Beethoven, Ludwig van (1770–1827): deutscher Komponist.

Benrath, Martin (1926–2000): deutscher Schauspieler, u.a. Münchner Kammerspiele.

Benigni, Roberto (* 1952): italienischer Schauspieler, Komiker, Autor und (Film-)Regisseur. Für *La vita è bella* (*Das Leben ist schön*, 1998) erhielt er u.a. zwei Oscars (bester fremdsprachiger Film, bester Hauptdarsteller).

Berio, Luciano (1925–2003): italienischer Komponist und Musikpädagoge. Ab 1965 Lehrtätigkeit u.a. an der Juilliard-School of Music in New York.

Bergman, Ingmar (1918–2007): schwedischer Drehbuchautor, Film- und Theaterregisseur. 1963 löst der Film *Das Schweigen* einen der größten Film-Skandale der 1960er-Jahre aus.

Blacher, Boris (1903–1975): Komponist. 1938 Kompositionslehrer am Dresdner Konservatorium. 1948 Professor der Musikhochschule Berlin. 1953–1970 Direktor. 1968 Präsident der Akademie der Künste Berlin.

Bogdan, Ilse: Herbert Baumanns Tante mütterlicherseits.

Boulez, Pierre (* 1925): französischer Komponist, Dirigent und Musiktheoretiker.

Brose, Erna, geb. Schmidt (1902–1957): Marianne Baumanns Mutter.

Brose, Friedrich (1797–?): Urahn Marianne Baumanns.

Brose, Friedrich (* 1936): Marianne Baumanns jüngster Bruder.

Brose, Johannes (1721–?): Urahn Marianne Baumanns, Sohn von Peter Brose.

Brose, Julius (1869–1940): Marianne Baumanns Großvater.

Brose, Julius junior (1899–1954): Marianne Baumanns Vater.

Brose, Julius (* 1931): Marianne Baumanns Bruder.

Brose, Peter (gest. 1755): Urahn Marianne Baumanns.

Bruckner, Anton (1824–1896): österreichischer Komponist, Organist und Musikpädagoge. Bedeutende Werke u.a. geistliche Vokalmusik, Sinfonien.

Caroll, Lewis (1832–1898): eigentlich Charles Lutwidge Dodgson. Britischer Schriftsteller. Verfasser von *Alice im Wunderland* (1865).

Cebotari, Maria (1910–1949): eigentlich Cebotaru. In Russland geborene, in NS-Deutschland erfolgreiche Sopranistin. Auf der *Gottbegnadeten-Liste* (Führerliste) des NS-Staates aufgeführt. Seit 1943 Wiener Staatsoper und Berliner Staatsoper.

Celibidache, Sergiu (1912–1996): in Rumänien geborener Dirigent. Nach 1945 erster Leiter der Berliner Philharmoniker bis 1954. 1979 Leiter der Münchner Philharmoniker. Engagierte Lehrtätigkeit.

Chopin, Frédéric (1810–1849): polnischer Komponist und Klaviervirtuose.

Dinca, Laurentius (* in Craiova, Rumänien): rumänischer Geiger.

Duda, Jörg (* 1968): deutscher Komponist und Musiker.

Eberhard, Dorothee (* 1952): deutsche Komponistin und Musikpädagogin.

Ennulat, Minna (1902–1985): deutsche Malerin.

Fischer, Edwin (1886–1960): Schweizer Pianist, Dirigent und Musikpädagoge.

Furtwängler, Wilhelm (1886–1954): Dirigent, in NS-Deutschland erfolgreich, deshalb auf der Sonderliste der drei wichtigsten Musiker der *Gottbegnadeten-Liste* (Führerliste) des NS-Staates aufgeführt. Reichskultursenator.

1933 Direktor der Berliner Staatsoper, Dirigent der Berliner Philharmoniker, später Vizepräsident der »Reichsmusikkammer«. 1934 opponierte er gegen das Aufführungsverbot von Hindemiths Oper *Mathis der Maler*, deshalb erzwungener (kurzfristiger) Rücktritt aus den genannten Ämtern. 1936 Hauptdirigent der Bayreuther Festspiele.

Generalić, Josip (1936–2004): kroatischer Maler.

Genschow, Fritz (1905–1977): deutscher Schauspieler. Von Carl Zuckmayer (Schriftsteller, Emigrant) zur Kategorie »Nazis, Anschmeißer, Nutznießer, Kreaturen« gerechnet. 1938 Beurteilung Amt Rosenberg, wonach »an der Ehrlichkeit seines Willens, sich an dem Aufbau des Theaters im nationalsozialistischen Sinne zu betätigen, nicht gezweifelt werden kann«. Nach 1945 Gründer des ersten Kindertheaters (Kinder- und Märchenbühne Genschow-Stobrawa-Theater). Beliebt als *Onkel Tobias vom RIAS* (von 1947 bis 1972) im Kinderfunk.

Genzmer, Harald (1909–2007): deutscher Komponist. Auf der *Gottbegnadeten-Liste* (Führerliste) der wichtigsten Komponisten des NS-Staates. Schüler Hindemiths.

Gieseking, Walter (1895–1956): Pianist. Erfolgreicher Musiker in NS-Deutschland, auf der *Gottbegnadeten-Liste* (Führerliste) des NS-Staates. Mozart-Interpret. Später berühmter Interpret von Debussy und Ravel.

Goethe, Johann Wolfgang von (1749–1832): deutscher Dichter, Schriftsteller und Dramatiker. Bekannte Werke u.a. *Faust. Eine Tragödie*, *Faust. Der Tragödie zweiter Teil*, Roman *Die Leiden des jungen Werthers*.

Grimm, Brüder (Jakob: 1785–1863; Wilhelm 1786–1859): deutsche Sprachwissenschaftler, bekannt als Sammler und Herausgeber von Märchen.

Haber, Alexander: Geschäftspartner von Wilhelm Baumann.

Haber, Berta: Alexander Habers Schwester.

Haber, Greta: Alexander Habers Schwester.

Hackemann, Dieter: deutscher Regisseur.

Harnack, Falk (1913–1991): deutscher Regisseur und Drehbuchautor. Gehörte zum Freundeskreis um Sophie und Hans Scholl (Weiße Rose) gegen den NS-Staat. 1943 Verhaftung, Freispruch. Nach dem Krieg erst Stellvertreter von W. Langhoff am Deutschen Theater Berlin, dann künstlerischer Leiter der Defa. 1955 nachgestalteter Dokumentarfilm *Der 20. Juli* über das Attentat an Adolf Hitler.

Hauptmann, Gerhart (1862–1946): deutscher Dramatiker und Schriftsteller, erfolgreich in NS-Deutschland. Auf der Sonderliste der sechs wichtigsten Schriftsteller der *Gottbegnadeten-Liste* (Führerliste). Wichtige Werke u.a. *Die Weber* (UA 1893), *Der Biberpelz* (UA 1893), *Die Ratten* (UA 1911).

Hennig, Irene: Leiterin des »Tanzchors Irene Hennig« in Berlin.

Henniger, Rolf (* 1925): deutscher Schauspieler und Regisseur.

Henrichs, Helmut (1907–1975): deutscher Theaterkritiker, Regisseur und Intendant.

Henze, Hans Werner (* 1926): deutscher Komponist und Musikpädagoge.

Herzog, Roman (* 1934): deutscher Jurist und Politiker (CDU). Von 1994–1999 deutscher Bundespräsident.

Hindemith, Paul (1895–1963): deutscher Komponist. Bratschist. 1927 Professor für Komposition an der Musikhochschule Berlin. Ab 1933, trotz Fürsprache Furtwänglers, zunehmend verfemt. 1938 Rückzug in die Schweiz, 1940 Wechsel in die USA. Ab 1954 Wohnsitz in der Schweiz.

Hölderlin, Friedrich (1770–1843): deutscher Lyriker und Schriftsteller. Hauptwerke: Gedichte, der Briefroman *Hyperion* und das Fragment gebliebene Drama *Der Tod des Empedokles.*

Höffer, Paul (1895–1949): Komponist, erfolgreich in NS-Deutschland, deshalb auf der *Gottbegnadeten-Liste* (Führerliste) der wichtigsten Komponisten des NS-Staates aufgeführt. 1933 Professor der Musikhochschule Berlin. 1948 Direktor der Musikhochschule Berlin.

Holtzmann, Thomas (1927–2013): deutscher Schauspieler. 1977 bis 2001 Ensemblemitglied der Münchner Kammerspiele und des Residenztheaters. Wichtige Rollen u.a. in Shakespeares *Hamlet*, Goethes *Faust* oder Jean Anouilhs *Becket oder die Ehre Gottes.*

Kandinsky, Wassily (1866–1944): russischer Maler und Kunsttheoretiker.

Keller, Gottfried (1819–1890): Schweizer Autor. 1879/80 bedeutender Roman *Der grüne Heinrich.*

Klebe, Giselher (1925–2009): deutscher Komponist. Studierte bei Boris Blacher.

Kleinschmidt, Werner: u.a. Szenenbild am Schlossparktheater Berlin.

Kleist, Heinrich von (1777–1811): deutscher Autor und Publizist. Verfasser des berühmtesten deutschen Lustspiels *Der zerbrochene Krug.* Weitere Bühnenwerke u.a. *Penthesilea* und *Prinz Friedrich von Homburg.*

Koch, Heinrich (1911–2006): deutscher Regisseur.

Kortner, Fritz (1892–1970): österreichischer Schauspieler, Film- und Theaterregisseur. U.a. Münchner Kammerspiele.

Langhoff, Wolfgang (1901–1966): deutscher Schauspieler und Regisseur. 1933 Internierung im KZ Börgermoor und im KZ Lichtenburg. 1934 Entlassung, Flucht in die Schweiz. 1946 Intendant des Ostberliner Deutschen Theaters bis 1963.

Lietzau, Hans (1913–1991): deutscher Schauspieler, Regisseur und Intendant.

Ligeti, Györgi (1923–2006): rumänisch-ungarischer Komponist. Erforschung der Volksmusik in Rumänien. Kompositionslehrer in Budapest.

Lindtberg, Leopold (1902–1984): Theater- und Filmregisseur.

Litten, Heinz Wolfgang (1905–1955): deutscher Regisseur.

Lorca, Federico Garcia (1898–1936): spanischer Schriftsteller, Dramatiker, Dichter und Zeichner. Im Spanischen Bürgerkrieg (1936–1939) am 19.8.1936 von Faschisten in Viznar / Granada ermordet. Werke u.a. *Bernarda Albas Haus*, *Bluthochzeit*, *Doña Rosita bleibt ledig* oder *Die Sprache der Blumen*.

Lorenz, Max (1901–1975): deutscher Tenor. Auf der *Gottbegnadeten-Liste* (Führerliste) des NS-Staates. Weltberühmter Wagner-Tenor. Auftritte mit Sondergenehmigung, da mit einer »Volljüdin« verheiratet (Rathkolb).

Lunin, Hanno (* im estnischen Tartu): deutscher Regisseur, Schriftsteller, Übersetzer und Dramaturg.

Mendelssohn-Bartholdy, Felix (1809–1847): deutscher Komponist, Pianist, Organist und Dirigent. Stammt aus einer berühmten deutsch-jüdischen Familie. Sein Großvater war der Philosoph Moses Mendelssohn (1729–1786). Felix Mendelssohn-Bartholdy wurde 1816 protestantisch getauft.

Meyerbeer, Giacomo (1791–1864): eigentlich Jakob Liebmann Meyer Beer. Deutscher Komponist und Dirigent. Einer der erfolgreichsten Opernkomponisten im 19. Jahrhundert.

Molina, Tirso de (1579–1648): eigentlich Gabriel Téllez. Spanischer Dramatiker.

Moszkowicz, Imo (1925–2011): deutscher Schauspieler, Regisseur und Schriftsteller.

Mozart, Wolfgang Amadeus (1756–1791): Komponist und Musiker.

Nono, Luigi (1924–1990): italienischer Komponist. Hauptthema seines Werkes: Anprangerung von Unterdrückung von Freiheit und Menschenwürde. Werke u.a. 1951–53 *Epitaph auf Federico Garcia Lorca*.

Pillau, Horst (* 1932): deutscher Dramatiker, Hörspiel- und Drehbuchautor.

Piscator, Erwin (1895–1966): deutscher Regisseur. Im Ersten Weltkrieg zum radikalen Pazifisten geworden. 1931–1936 in der UdSSR, danach Exil in Paris, 1939 USA. 1962 Intendant der Freien Volksbühne in Westberlin.

Puchelt, Gerhard (1913–1987): deutscher Pianist und Musikpädagoge. 1949 Professor der Musikhochschule Berlin.

Raffler, Max (1902–1988): deutscher Maler.

Rother, Artur (1885–1972): deutscher Dirigent. NSDAP, HJ, *Kampfbund für deutsche Kultur*. 1934 am Deutschen Opernhaus Berlin. 1946–1949 Chefdirigent des Ostberliner Rundfunks, danach Gastdirigent beim RIAS und der Städtischen Oper. 1954 Bundesverdienstkreuz.

Ruppert, Anton (* 1936): deutscher Komponist und Dirigent.

Sand, George (1804–1876): eigentlich Amandine Aurore Lucile Dupin de Francueil, französische Schriftstellerin. Geliebte Chopins. Bedeutender Roman *Ein Winter auf Mallorca*.

Schiller, Friedrich von (1759–1805): deutscher Autor, Dichter, Philosoph und Historiker.

Schmidt, Carl August (1878–1952): Marianne Baumanns Großvater.

Schmidt, Willi (1910–1994): deutscher Bühnenbildner und Regisseur.

Schmitt, Meinrad (* 1935): deutscher Komponist.

Schönberg, Arnold (1874–1951): österreichischer jüdischer Komponist, Musiktheoretiker, Kompositionslehrer, Maler, Dichter und Erfinder. 1933 Flucht in die USA. Einer der einflussreichsten Komponisten des frühen 20. Jahrhunderts, Begründer der Zwölftonmusik.

Schostakowitsch, Dmitri Dmitrijewitsch (1906–1975): sowjetrussischer Komponist, Pianist und Musikpädagoge.

Shakespeare, William (1564–1616): britischer Dramatiker, Lyriker und Schauspieler.

Sophokles (um 497 –um 405 v. Chr.): griechischer Dichter und Dramatiker. Tragödien u.a. *Elektra*, *Aias*.

Spring, Rudi (* 1962): deutscher Komponist, Pianist und Musikpädagoge.

Stein, Walter: Geschäftspartner von Wilhelm Baumann.

Stern, Emma (1878–1969): deutsche Malerin.

Strawinsky, Igor Fjodorowitsch (1882–1971): Komponist, Pianist und Dirigent. Berühmte Werke u.a. *Der Feuervogel* (1910) und *Le sacre du printemps* (1913).

Stuckenschmidt, Hans Heinz (1901–1988): Musikkritiker. Kritiker der *Berliner Zeitung am Mittag* (BZ). Anwalt der Neuen Musik (Strawinsky, Schönberg). 1953 Lehrstuhl Musikgeschichte TH Berlin.

Suder, Alexander L.: u.a. Vorsitzender des Bayerischen Tonkünstlerverbandes von 1977–1982. Herausgeber der Monografienreihe *Komponisten in Bayern* (bis Band 50).

Sudermann, Hermann (1857–1928): deutscher Schriftsteller und Bühnenautor.

Thoma, Helge (* 1936): deutscher Regisseur und Intendant. Studium in Wien. 1962–1970 Engagement an den Staatlichen Berliner Bühnen (Schiller- und Schlossparktheater). 1976–1981 Oberspielleiter Oper Wien. 1981–1992 und 1997–1999 Intendant Städtische Bühnen Augsburg. Ab 1999 freiberuflich tätig.

Tober-Vogt, Elke (* 1957): deutsche Verlegerin, Komponistin, Ehefrau von Gerhard Vogt.

Trinchero, Roberto: u.a. 1982 Ballettdirektor des Hessischen Staatstheaters Wiesbaden.

Tröster, Michael (* in Schweinfurt): deutscher Gitarrist. 1988–2003 »Duo Capriccioso« zusammen mit Mandolinenvirtuosin Gertrud Weyhofen.

Tschaikowsky, Pjotr Iljitsch (1840–1893): russischer Komponist.

Veerhoff, Carlos (1926–2011): deutsch-argentinischer Komponist.

Vogt, Gerhard (* 1942): deutscher Musikverleger und Musikpädagoge.

Wagner, Richard (1813–1883): deutscher Komponist, Dramatiker, Philosoph,

Dichter, Schriftsteller, Theaterregisseur und Dirigent. Entwickelte die musikalische Gattung Oper zum Musikdrama (Gesamtkunstwerk). Bedeutende Werke u.a. *Der Ring des Nibelungen* (erstmals aufgeführt 1876), *Die Meistersinger von Nürnberg* (UA 1878). U.a. wegen antisemitischer Schriften (1850: *Das Judentum in der Musik)* in NS-Deutschland zum deutschen Komponisten par excellence stilisiert und idolisiert zum Begründer eines neuen Deutschtums: germanisch, antisemitisch und völkisch.

Weill, Kurt (1900–1950): deutscher/amerikanischer jüdischer Komponist. Ab 1918 Studium an der Hochschule für Musik in Berlin. Bekanntes Werk: *Die Dreigroschenoper* (1928) (gemeinsam mit Bertolt Brecht). 1933 Flucht nach Paris, 1935 USA.

Weyhofen, Gertrud (vormals Tröster) (* in Krefeld): deutsche Mandolinenvirtuosin. Dozententätigkeit an der Musikakademie Kassel, der Universität Kassel und bei zahlreichen Meisterkursen, Herausgeberin von Unterrichts- und Originalliteratur für Mandoline. Internationale Konzertreisen, u.a. nach Korea, Japan, USA (Carnegie Hall), Niederlande, Spanien und Frankreich. 1988 bis 2003: »Duo Capriccioso« gemeinsam mit Gitarrist Michael Tröster.

Wischnewski, Wsewolod (1900–1951): Sowjetischer Schriftsteller.

Zehetmair, Hans (* 1936): Deutscher Politiker (CSU).

Ziegler, Dr. Hans Severus (1883–1978): Reichskultursenator. 1925 bis 1931 stellv. NSDAP-Gauleiter Thüringen. 1933 Mitglied der Staatsregierung und Staatsrat. 1938 Organisator der Ausstellung ›Entartete Musik‹ während der ersten »Reichsmusiktage« in Düsseldorf. 1954 Leiter eines privaten Kammerspiels in Essen, danach an einem Internat auf Wangerooge. Lebensabend in Bayreuth, betreut von Winifred Wagner, Adolf Hitlers fanatischer Anhängerin.

Werkverzeichnis Herbert Baumann[60]

(Werke, die mit + gekennzeichnet sind, liegen als CD-, LP-Einspielung oder Musikkassette vor. Von den zahlreichen Bühnenmusiken wurde eine Auswahl der wichtigsten Werke getroffen. Mit »TV« sind Werke gekennzeichnet, die vom Fernsehen ausgestrahlt wurden.)

Instrumentalmusik

Orchesterwerke

Spielmusik für Schulorchester (beliebige Besetzung) (1949) (Mitteldeutscher Verlag)

Spanische Tänze (1950) (Vogt & Fritz, vormals Peters) UA 1950 (Berlin)

Musik für Orchester (1951) (Vogt & Fritz) UA 1954 (Berlin)

Sechs Bagatellen für kleines Orchester (1951) (Vogt & Fritz) UA 1951 (Berlin)

Italienische Suite (1955) (Sikorski) UA 1955 (Berlin)

Rotor (um 1955) (Sikorski) UA 1955 (Berlin)

Wie es euch gefällt. Suite aus der Musik zu Shakespeares Lustspiel (1956) (Sikorski) UA 1956 (Berlin)

Brooklyn Bridge. Impressionen für Orchester (1958) (Sikorski) UA 1958 (Berlin)

Der Walzer des Toreros aus der Musik zu Anouilhs Komödie (1958) (Eichmann) UA 1958 (Berlin)

Musica rustica (1959) (Ed. 49) UA 1959 (Berlin)

Mexikanische Suite (1959) (Sikorski) UA 1959 (Berlin)

Nordische Impressionen. Suite für Streichorchester (1959) (Sikorski) UA 1960 (Berlin)

Robin Hood. Ouvertüre-Fantasie (1961) (Sikorski) UA 1961 (Berlin)

Jagdouvertüre (1961) (Sikorski) UA 1961 (Berlin)

Der Ball der Diebe. Ouvertüre zu Anouilhs Lustspiel (1965) (Bote & Bock) UA 1965 (Berlin)

Romeo und Julia auf dem Dorfe aus der Musik zu einem Fernsehspiel nach Gottfried Keller (Vogt & Fritz)

[60] Vgl. Suder, S. 133ff. Werkverzeichnis zusammengestellt von Franzpeter Messmer. Erweitert und ergänzt von Daniela Weidenthaler.

1. Drei Szenen für Orchester (1968) (Ed. 49) UA 1968 (Berlin)

2. Drei ländliche Tänze für zwei Hörner, Pauken und Streichorchester (1971) (Ed. 49) UA 1971 (Berlin)

Toccata concertante (1974) (Vogt & Fritz, vormals Sikorski) UA 1976 (München) +

Rumpelstilzchen. Konzertante Fassung mit Sprecher(in) (1984) (Sikorski) UA 1986 (Augsburg) +

Variationen über ein Thema von Händel für Streichorchester (1985) (Bärenreiter) UA 1985 (Berlin)

Synkopen für Streichorchester (1988) (Kral-Verlag, vormals Zinneberg) UA 1990 (Hammelburg)

Ein Weihnachtskonzert. 1. Fassung: für Streichorchester (1992) (Vogt & Fritz) UA 1994 (Aix-en-Provence)

2. Fassung: siehe Zupforchester

Soloinstrument(e) mit Orchester

Kammerkonzert Nr. 1 für Flöte (oder Altblockflöte), Oboe und Streicher (1948) (Vogt & Fritz, vormals Peters) UA 1953 (Berlin) +

Kammerkonzert Nr. 2 für Violine, Streicher und Cembalo (1951) (Vogt & Fritz, vormals Peters) UA 1952 (Berlin) +

Concertino für Klarinette und Streicher (1951, revidiert 1977) (Vogt & Fritz, vormals Keturi) UA 1951 (Berlin) +

Konzert für Gitarre und Streichorchester (1958) (Sikorski) UA 1958 (Berlin) +

Burleske für Klavier, Bläser und Schlagzeug (1958) (Budde) UA 1958 (Berlin)

Capriccio für Klarinette und Orchester (1959) (Budde) UA 1959 (Berlin) +

Allegro Capriccioso für Klavier und Orchester (1963) (Sikorski) UA 1963 (Berlin)

Once I lov'd maiden fair – Variationen über ein englisches Volkslied für Violoncello und Streichorchester (1965) (Vogt & Fritz, vormals Möseler) UA 1966 (Leicester) +

Aspekte für Cembalo oder Klavier und Streicher (1982) (Vogt & Fritz) UA 1982 (Düsseldorf) +

Würzburger Konzert für zwei Gitarren und Streicher (1991) (Vogt & Fritz, vormals Hohner) UA 1991 (Krakau) +

Konzert für Mandoline, Gitarre und Streichorchester (1992) (Vogt & Fritz, vormals Hohner) UA 1994 (Lugano) +

Konzert für Mandoline und Streichorchester (1955) (Vogt & Fritz) +

Blasorchester

Musik für 14 Bläser und Schlagzeug (1951) (Vogt & Fritz) UA 1952 (Berlin)

Der Kuckuck und der Esel. Variationen für 3 Trompeten und 3 Posaunen (1982) (Maas) UA 1985 (München) +

Per ottoni für 10 Blechbläser und Schlagzeug (1986) (Trio Bläsermusik Edition) UA 1986 (München)

Traunsteiner Bläsermusik für großes Blasorchester (1986) (Vogt & Fritz) UA 1986 (Friedberg) +

Rondo ritmico für großes Blasorchester (1986) (Neuer Münchner Musikverlag)

Zupforchester

Saarländische Zupfmusik (1962) (Trekel) UA 1962 (Saarbrücken) +

Sonatine in E (1963) (Trekel) UA 1963 (Saarbrücken) +

Ländliche Zupfmusik mit Schlagzeug ad lib. (1963) (Trekel) UA 1963 (Saarbrücken) +

Vier alte Tänze (1963) (Trekel) UA 1963 (Berlin)

Vier Volkstänze (1963) (Trekel) UA 1963 (Saarbrücken) +

Im Volkston (1964) (Trekel) UA 1964 (Stuttgart)

Vier alte Tanzstücke mit Sopran- und Alt-Blockflöte, Schlagzeug ad lib. (1964) (Trekel) UA 1964 (Berlin) +

Der Wohlfeile Gänsebraten für Sprecher(in) und Zupforchester, Text: Herbert Baumann (1966) (Trekel) UA 1966 (Wuppertal) +

Sonatine in G nach hessischen Volksliedern (1966) (Gerig) +

Vier Studentenlieder vom Rhein für Bariton und Zupforchester (1968) (Trekel) UA 1968 (Berlin)

Vom Müllerburschen, dem ein Bauer das Pferd nahm für Sprecher(in) und Zupforchester, Text: Herbert Baumann (1968) (Trekel) UA 1969 (Falkenstein) +

Divertimento in D – »In meines Vaters Garten« (1968) (Trekel, vormals Breitkopf & Härtel) UA 1980 (Stuttgart) +

Tafelmusik mit Melodieinstrument (1972) (Trekel) UA 1974 (Herne) +

Zupfmusik '73 (1973) (Trekel) UA 1974 (Berlin)

Konzert für Gitarre und Zupforchester (Umarbeitung des Gitarrenkonzertes 1958) (1982) (Sikorski) UA 1963 (Hamburg) +

Andalusische Serenade (1986) (Trekel) UA 1986 (Hamburg) +

Concerto capriccioso für Mandoline und Zupforchester (nach der *Sonata capricciosa* für Mandoline und Gitarre 1988) (1989) (Vogt & Fritz) UA 1990 (Schweinfurt) +

Repetitionen für Blockflötenchor und Zupforchester (1990) (Trekel) UA 1991 (Berlin)

Sequenzen für Zupforchester (1993) (Vogt & Fritz) UA 1993 (Schweinfurt) +

Ein Weihnachtskonzert. 2. Fassung: für Zupforchester (1995) (Vogt & Fritz)

Vögel, Früchte und Wind, Konzert für Gitarre und Zupforchester (1995) (Vogt & Fritz) +

Japanische Impressionen (Vogt & Fritz)

Sydney Overture (Vogt & Fritz)

Polyeder (Vogt & Fritz) +

Pariser Komödie – Zupforchester und Glockenspiel, Akkordeon, Einrichtung von Elke Tober-Vogt (Vogt & Fritz)

Fiamme – Konzert für Mandola und Zupforchester (Vogt & Fritz) +

Prisma – Konzert für Soloinstrument (Blockflöte, Querflöte, Oboe, Violine, Mandoline) und Zupforchester (Vogt & Fritz) +

Das Blaue Kaninchen – ein modernes Märchen für Sprecher und Zupforchester (oder Streicher oder kleines Orchester), Text: Herbert Baumann (Vogt & Fritz) +

Der unzufriedene Schneemann für Sprecher und Zupforchester (Grenzlandverlag) +

Akkordeonorchester

Rondo di Tango (Holzschuh Musikverlag)

Kammermusik

Sechs und mehr Instrumente

Das geistliche Tierbuch zu Paul Claudels Dichtung für Sprecher, Flöte, Oboe, Horn, Violine, Violoncello und Schlagzeug (1974) (Manuskript) UA 1975 (Zürich)

Variationen über ein Thema von Franz Schubert für 12 Violoncelli (1978) (Vogt & Fritz) UA 1978 (München) +

Movements for Percussion für 6 Schlagzeuger (1982) (Schott) UA 1983 (München)

Verwandlungen eines Barockthemas für 10 Violinen und Klavier (1992) (Vogt & Fritz) UA 1994 (Frankfurt) +

Musica per sei für Flöte, Oboe, Horn, Violine, Violoncello, Percussion (1974) (Vogt & Fritz) UA 1976 (München)

Toccata grande für Solovioline, Violin-Ensemble – mindestens 4 Violinen – und Klavier (Vogt & Fritz)

Vier bis fünf Instrumente

Kleines Quartett für 4 Blockflöten (oder Blockflötenchor) (1956) (Moeck) UA 1956 (Berlin)

Streichquartett in C (1961) (Sikorski) UA 1961 (Berlin) +

Memento für Gitarre und Streichquartett (1962) (Zimmermann) UA 1963 (Modena)

Three Cheerful Movements for brass quintet (Horn, 2 Trompeten, Posaune, Tuba) (1977) (Maas) UA 1977 (Nürnberg)

Quintett für Flöte, Oboe, Klarinette, Horn und Fagott (1982) (Sikorski) UA 1983 (München) +

One Percussion and Four Winds für Flöte, Oboe, Klarinette, Horn und Schlagzeug (1982) (Vogt & Fritz, vormals Keturi) UA 1983 (Melbourne) +

Repetitionen für Schlaginstrumente (4 Spieler) (1990) (Trekel) UA 1994 (München)

Tetraeder (Variationen für Posaunenquartett oder vier Violoncelli) (1991) (Reift) UA 1994 (Freising)

Rondo mit Mozart. 1. Fassung: für Oboe, Klarinette, Horn und Fagott (1962) (Sikorski) UA 1962 (Berlin) +

2. Fassung: für 4 Klarinetten (1992) (Sikorski) UA 1962 (Berlin)

Tanzvariationen für Violine, Violoncello und zwei Gitarren (1993) (Vogt & Fritz, vormals Keturi) UA 1994 (Ansbach) +

Con un frammento dall'opera Idomeneo für Oboe, Violine, Viola und Violoncello, 2006 (Auftragswerk des Verbandes Münchner Tonkünstler zum 250. Geburtstag von Wolfgang Amadeus Mozart; es waren vier Takte aus einem Rezitativ der Oper *Idomeneo* vorgegeben.)

Drei Instrumente

Divertimento für Oboe, Klarinette und Fagott (1949, revidiert 1960) (Sikorski) UA 1949 (Berlin) +

Tänzerische Inventionen für 3 Blockflöten (1952) (Sikorski)

Spielmusik in sieben Sätzen für 3 Blockflöten (1952) (Sikorski)

Sonate für 3 Blockflöten (1953) (Lienau) UA 1954 (Berlin)

Sonatine über finnische Volkslieder (Vogt & Fritz, vormals Zimmermann) +
1. Fassung für Oboe, Fagott und Gitarre (1964) UA 1964 (Saarbrücken)
2. Fassung für Flöte oder ein anderes Melodieinstrument und Gitarre (1988)

Danza grotesca für Klavier, Gitarre und Schlagzeug (1967) (früherer Titel: *Capriccio für Klavier, Gitarre und Schlagzeug*, Vogt & Fritz, vormals Keturi) UA 1967 (Berlin)

Quattro movimenti per tre für Flöte, Violoncello und Gitarre oder Flöte, Viola und Gitarre (1982) (Vogt & Fritz, vormals Keturi) UA 1994 (Wasserburg)

Herbstmusik. Streichtrio (1983) (Sikorski) UA 1983 (Wien) +

Con una marcetta für 2 Oboen und Englischhorn (1990) (Sikorski) UA 1990 (München) +

Metamorphosen eines Menuetts für Trompete, Posaune und Klavier (1990) (J.P. Tonger) UA 1991 (Waltrop) +

Trittico für drei Trompeten (1993) (J. P. Tonger)

Wiegenlied-Variationen für Violine und Klavier (oder für 2 Hackbretter und 1 Bassinstrument oder Mandoline und Klavier) (2000) (Vogt & Fritz)

Zwei Instrumente

Ricordanza für Vibraphon, Marimbaphon oder Hackbrett (1 Spieler) und Gitarre (1989) (Vogt & Fritz) UA 1989 (München) +

Sonate für Flöte (oder Blockflöte) und Klavier (1948) (Vogt & Fritz, vormals Mitteldeutscher Verlag) UA 1949 (Berlin) +

Kleine Suite für Alt-Blockflöte (oder ein anderes Melodieinstrument) und Klavier (1949) (Friedrich Hofmeister) UA 1950 (Berlin)

Sonatine für Altblockflöte (oder ein anderes Melodieinstrument) und Klavier (1950) (Friedrich Hofmeister) UA 1950 (Berlin)

Sonate für Oboe und Klavier (1951) (Vogt & Fritz, vormals Peters) UA 1951 (Berlin) +

Musik mit Bach – eine Sonate für Violoncello und Klavier (1952) (Vogt & Fritz) UA 1994 (Starnberg) +

Duetto concertante für Flauto dolce (oder Große Flöte) und Gitarre (1958) (Bote & Bock) UA 1958 (Berlin) +

Sonata serena für Hackbrett und Harfe (1977) (Keturi) UA 1985 (München) +

Introduction und Allegro für Violone (oder Violoncello, Kontrabass, Fagott) und Gitarre (1979) (Bote & Bock) UA 1980 (München) +

Sonatina burlesca für Flöte und Gitarre (1982) (Bote & Bock) UA 1985 (München) +

Andalusische Serenade für 2 Gitarren (oder ein Melodieinstrument und Gitarre) (1983) (Trekel) UA 1983 (Schloss Eggersberg / Altmühltal)

Dialoghi für Gitarre und Schlagzeug (1985) (Vogt & Fritz) UA 1986 (München)

Sonata capricciosa für Mandoline und Gitarre (1988) (Vogt & Fritz) UA 1989 (Geretsried) +

Strophen für zwei Violoncelli (1989) (Sikoski) UA 1990 (Starnberg) +

Es war einmal eine Müllerin. Eine tänzerische Sonatine für 2 Gitarren (1989) (Vogt & Fritz) UA 1990 (Schweinfurt)

Lamento und Gioco für Posaune und Klavier (1990) (Reift) UA 1991 (Zumikon) +

Tambourin für Mandoline und Gitarre (1994) (Vogt & Fritz) UA 1995 (Kassel) +

Danse mélancolique für 2 Gitarren (1994) (Editions Henri Lemoine) +

Ballade für Violoncello und Gitarre (1995) (Vogt & Fritz, vormals Keturi) +

Con un minuetto für Flöte und Gitarre, 1998 (Tonger, Köln)

Con una canzonetta d'amore – ein Rondo für Violine und Klavier, 2004 (Vogt & Fritz) +

Rondino für 2 Mandolinen oder 2 Gitarren (Vogt & Fritz) +

Ricordanza für ein Melodieinstrument und Gitarre (Vogt & Fritz) +

Duettino per violine (violoncello) e pianoforte (Cellostimme eingerichtet von Sven Ahnsjö) (Verlag Neue Musik)

Ein Instrument

Es geht eine dunkle Wolk herein, Fantasie für Gitarre solo (1968) (Bote & Bock) UA 1968 (Berlin) +

Toccata, Elegia e Danza per chitarra (1969) (Bèrben) UA 1970 (Ancona)

Die heilige Nacht für Harfe solo nach Ludwig Thomas Dichtung (1974) (Manuskript) UA 1974 (München) +

Drei Weihnachstlieder, Bearbeitungen für Harfe solo (1981) (Preißler)

Momenti musicali per chitarra (1983) (Vogt & Fritz) UA 1984 (Tegernsee) +

Monodie für Saxophon solo oder Klarinette solo (1987) (Bote & Bock) UA 1988 (Melbourne) +

Acht Skizzen für Gitarre (1987) (Trekel, vormals Gabriel) UA 1987 (Tegernsee)

Sechs Miniaturen für Gitarre solo (1988) (Nogatz) UA 1988 (Tegernsee)

Sexten-Parallelen, Etüde für Hackbrett (1990) (Josef Preissler) UA 1993 (München)

Praeludium, Passacaglia, Toccata für Zither (1993) (Grünwald-Verlag) UA 1993 (München)

Sonatine für Mandoline (1995) (Vogt & Fritz, vormals Zimmermann) UA 1995 (Magdeburg)

Relationen für Mandoline, 2004 (Vogt & Fritz) UA Schweinfurt

Werke für Klavier, Cembalo und Orgel

Klaviersonate Nr. 1 (1948) (Verlag Neue Musik Berlin, vormals Peters) UA 1948 (Berlin)

Klaviersonate Nr. 2 (1949) (Verlag Neue Musik Berlin, vormals Peters) UA 1949 (Berlin)

Sonata grotesca für Klavier (1950) (Mitteldeutscher Verlag) UA 1951 (Berlin)

Wiegenlied – Variationen für Klavier (1950) (Friedrich Hofmeister) UA 1950 (Berlin)

Toccata, intermezzo e variazioni per piano a quattro mani (1950) (Vogt & Fritz, vormals *Musik für Klavier zu vier Händen*, Peters) UA 1950 (Berlin)

Der Walzer der Toreros, Klavierfassung (1957) (Eichmann)

Suite für Cembalo (1958) (Heinrichshofen) UA 1959 (Berlin)

Toccata für Cembalo (1958) (Heinrichshofen) UA 1959 (Berlin)

Zwanzig kurze Klavierstücke (1960) (Vogt & Fritz, vormals Peters)

Wer nur den lieben Gott lässt walten. Passacaglia und Variationen für Orgel (1969) (Verlag Thomi Berg) UA 1969 (Berlin-Zehlendorf)

Sonatine für Christine, Klavier solo (1993) (Vogt & Fritz) UA 1995 (München)

Con un corale für Orgel solo (Verlag Neue Musik Berlin) UA 2011 (München)

Vier Humoresken für Klavier (2010/2012) (Verlag Neue Musik Berlin)

Vokalmusik

Chor mit Begleitung

Die lustige Geschichte vom Osterhasen, Kammerkantate für Frauen- und Kinderchor, Solisten aus dem Chor, Flöte, Oboe, 2 Klarinetten in A, Trompete in B, Schlagwerk, Streichorchester (1949) (Mitteldeutscher Verlag) UA 1951 (Pesc)

Contrasti,

1. Fassung: für gemischten Chor und Gitarre (1961) (Sikorski) UA 1962 (Japan)
2. Fassung: für gemischten Chor und Zupforchester (1985) (Sikorski)

Berliner Kantate (später: *Kantate für den Frieden*) für Alt, Bariton, gemischten Chor, Kinderchor, Sprecher und Orchester, Worte von Mattias Braun (1963) (Manuskript) UA 1963 (Berlin)

Die Moritat vom eigensinnigen Eheweibe für gemischten Chor, Basssolo und Gitarre, Worte: Herbert Baumann (1966) (Bote & Bock) UA 1967 (Hamburg) +

Psalmen-Triptychon für gemischten Chor und Streichorchester (Psalmen 8, 57 und 33) (1966) (Vogt & Fritz, vormals Möseler) UA 1967 (Berlin-Zehlendorf)

Rotta è l'alta colonna – drei Petrarca-Sonette für Bariton und zwei Gitarren (Vogt & Fritz) +

(Und doch ...) ... Hoffen für Bariton (Mezzosopran), Flöte, Violine, Viola und Violoncello nach Gedichten von Rose Ausländer (Vogt & Fritz)

Außerdem: 21 Volkslied-Kantaten für Soli und Chor mit Instrumentalbegleitung (Kammerensemble bis großes Orchester); komponiert zwischen 1960 und 1967.

Chor a cappella

Zwei Männerchöre nach Worten von Johann Wolfgang von Goethe (1959) (Bote & Bock)

Zwei Männerchöre nach Worten von Detlev von Liliencron (1959) (Heinrichshofen)

Werke für Sologesang

1. Sologesang und Kammerensemble

Im Juni, Kammerkantate nach Texten von Annette von Droste-Hülshoff, Martin Greif, Ludwig Bowitsch, Herbert K. Wilhelm, Angelus Silesius und Emanuel Geibel für Sopran, Alt, Tenor, Flöte, Oboe, Gitarre und Streichquartett (1949) (Mitteldeutscher Verlag) UA 1949 (Halle)

Tiergeschichten – eine kleine Kantate für hohe Stimme, Flöte und Gitarre nach Worten von Wilhelm Busch (1958) (Vogt & Fritz) UA 1958 (Berlin) +

Das Nasobem und andere. Lieder nach Christian Morgenstern für hohe Stimme, Flöte (Alt-Blockflöte) und Gitarre (um 1959) (Trekel) UA 1959 (Berlin)

Vom Frieden – Sechs Lieder für hohe Stimme, Flöte und Klavier nach Gedichten von Peter Jakostra, Ingo Cesaro, Hilde Domin, Gottlob Haag, Dagmar Nick, Renée Schwachhofer, Günter Kunert (1975) (Vogt & Fritz) UA 1976 (Augsburg) +

2. Sologesang und Begleitinstrument

Dumdidelei, Neue Kinderlieder von Ruth Kraft für Singstimme und Klavier (1949) (Mitteldeutscher Verlag) UA 1949 (Berlin)

27 Lieder und Chansons nach und mit Gedichten von Mascha Kaléko für Singstimme und Gitarre (1983) (Gabriel) UA 1984: 1. Teil, 1985: 2. Teil (Bad Tölz) in Auswahl +

Spätsommer. Fünf Lieder für hohe Stimme und Klavier (1982) (Vogt & Fritz) UA 1985 (München)

Schicksal – Glück und Leid für mittlere Stimme und Klavier nach einem Gedicht von Harald Heilmann (Vogt & Fritz)

Zwölf Lieder nach Gedichten von Josef von Eichendorff für mittlere Stimme und Gitarre (Verlag Neue Musik)

C. Bühnenwerke

a) Ballett

Alice im Wunderland, Ballett in 2 Teilen von Ehrhard Reinicke nach einer Idee von Roberto Trinchero unter Verwendung von *Alice im Wunderland* und *Alice hinter den Spiegeln* von Lewis Carroll (1984) ca. 120' UA 1984 (Wiesbaden) – Sikorski +

Rumpelstilzchen, Ballettmärchen nach den Gebrüdern Grimm, Libretto: Herbert Baumann, Zwischentexte (ad lib.): Peter Hanzel und Harry Oesterle (1986) 70' UA 1986 (Augsburg) – Sikorski +

b) Bühnenmusik

Agamemnons Tod von Gerhart Hauptmann, Regie: Heinz Wolfgang Litten UA 1947 (Berlin)

Elektra von Gerhart Hauptmann, Regie: Heinz Wolfgang Litten UA 1947 (Berlin)

Romeo und Julia von William Shakespeare, Regie: Willi Schmidt UA 1947 (Berlin)

Volpone von Ben Jonson, Regie: Willi Schmidt UA 1948 (Berlin)

Maß für Maß von William Shakespeare, Regie: Wolfgang Langhoff UA 1948 (Berlin)

Der Geizige von Moliére, Regie: Willi Schmidt UA 1949 (Berlin)

Wallenstein von Friedrich von Schiller, Regie: Willi Schmidt UA 1949 (Berlin)

Cyrano von Bergerac von Edmond Rostand, Regie: Ernst Legal UA 1950 (Berlin)

Der Revisor von Nikolai Gogol, Regie: Wolfgang Langhoff UA 1950 (Berlin)

Die fromme Marta von Tirso de Molina, Regie: Kurt Jung-Ahlsen UA 1950 (Altenburg)

Maria Stuart von Friedrich von Schiller, Regie: Herwart Grosse UA 1951 (Berlin)

Das Gewitter von Alexander Ostrowski, Regie: Wolfgang Heinz UA 1951 (Berlin)

Was ihr wollt von William Shakespeare, Regie: Wolfgang Heinz UA 1951 (Berlin)

Der eingebildete Kranke von Molière, Regie: Ernst Legal UA 1951 (Berlin)

Die fromme Marta von Tirso de Molina, Regie: Kurt Jung-Ahlsen UA 1952 (Berlin)

Aschenbrödel nach den Gebrüdern Grimm, Regie: Franz Kutschera UA 1952 (Berlin)

Othello von William Shakespeare, Regie: Wolfgang Heinz UA 1953 (Berlin)

Wie es euch gefällt von William Shakespeare, Regie: Boleslaw Barlog UA 1953 (Berlin)

Antigone von Sophokles / Friedrich Hölderlin, Regie: Heinrich Koch UA 1953 (Berlin)

Die Lerche von Jean Anouilh, Regie: Leo Mittler UA 1953 (Berlin)

Elektra von Jean Giraudoux, Regie: Leopold Lindtberg UA 1954 (Berlin)

Penthesilea von Heinrich von Kleist, Regie: Leopold Lindtberg UA 1954 (Berlin)

Scherz, Satire, Ironie und tiefere Bedeutung von Christian D. Grabbe, Regie: Heinrich Koch UA 1955 (Berlin)

Requiem für eine Nonne von William Faulkner, Regie: Erwin Piscator UA 1955 (Berlin)

Die Schule der Väter von Jean Anouilh, Regie: Leopold Lindtberg UA 1955 (Berlin)

Doña Rosita bleibt ledig von Federico Garcia Lorca, Regie: Heinrich Koch UA 1955 (Berlin)

Ein Blick von der Brücke von Arthur Miller, Regie: Leo Mittler UA 1956 (Berlin)

In seinem Garten liebt Don Perlimplin Belisa von Federico Garcia Lorca, Regie: Hans Lietzau UA 1956 (Berlin)

Nach Damaskus von August Strindberg, Regie: Hans Lietzau UA 1956 (Berlin)

Requiem für eine Nonne von William Faulkner, Regie: Erwin Piscator UA 1956 (Göteborg)

Der eingebildete Kranke von Molière, Regie: Heinrich Schnitzler UA 1957 (Berlin) TV

Der Walzer der Toreros von Jean Anouilh, Regie: Paul Hoffmann UA 1957 (Berlin)

Die kluge Närrin von Lope de Vega, Regie: Dietrich Haugk UA 1957 (Berlin)

Das Ei von Felicien Marceau, Regie: Willi Schmidt UA 1958 (Berlin)

Lysistrata von Aristophanes, Regie: Hans Lietzau UA 1959 (Berlin)

Drei Schwestern von Anton Tschechow, Regie: Boleslaw Barlog UA 1960 (Berlin)

Majestäten von Jean Anouilh, Regie: Willi Schmidt UA 1960 (Berlin) TV

Die Pariser Komödie von William Saroyan, Regie: Boleslaw Barlog UA 1960 (Berlin)

Becket oder die Ehre Gottes von Jean Anouilh, Regie: Willi Schmidt UA 1961 (Berlin)

Amphitryon von Jean Anouilh, Regie: Willi Schmidt UA 1961 (Berlin)

Das Orchester von Jean Anouilh, Regie: Harry Meyen UA 1962 (Berlin) TV

Don Gil von den grünen Hosen von Tirso de Molina, Regie: Boleslaw Barlog UA 1963 (Berlin)

Das irdene Wägelchen von Ferdinand Bruckner, Regie: William Dieterle UA 1963 (Berlin)

Der Ball der Diebe von Jean Anouilh, Regie: Wolfgang Spier UA 1963 (Berlin)

Scherz, Satire, Ironie und tiefere Bedeutung von Christian G. Grabbe, Regie: Hans Schalla UA 1963 (Berlin)

Undine von Jean Giraudoux, Regie: Willi Schmidt UA 1964 (München)

Woyzeck von Georg Büchner, Regie: Rolf Henniger UA 1964 (Berlin)

Die Glasmenagerie von Tennessee Williams, Regie: Willi Schmidt UA 1965 (Wien)

Faust, der Tragödie zweiter Teil von Johann Wolfgang von Goethe, Regie: Ernst Schröder UA 1966 (Berlin)

100.000 Taler von David Kalisch und Horst Pillau, Regie: Paul Esser UA 1968 (Berlin) TV

Italienische Nacht von Ödön von Horvath, Regie: Hansjörg Utzerath UA 1968 (Berlin)

Der Parasit von Friedrich von Schiller, Regie: Willi Schmidt UA 1969 (Wien)

Die Schule der Väter von Jean Anouilh, Regie: Helmut Henrichs UA 1970 (München)

Kyritz-Pyritz von Jo Herbst und Ulrich del Mestre, Regie: Paul Esser UA 1970 (Berlin)

Liliom von Franz Molnár, Regie: Paul Esser UA 1970 (Berlin)

Der Widerspenstigen Zähmung von William Shakespeare, Regie: Otto Schenk UA 1971 (München)

Tartuffe von Molière, Regie: Hans-Michael Rehberg UA 1971 (München)

Ein Sommernachtstraum von William Shakespeare, Regie: Hellmuth Matiasek UA 1971 (München)

Italienische Nacht von Ödön von Horvath, Regie: Dieter Hackemann UA 1971 (München)

In seinem Garten liebt Don Perlimplin Belisa von Federico Garcia Lorca, Regie: Helmut Henrichs UA 1971 (München)

Mit einem Fuß im Verbrechen von Eugène Labiche, Regie: Willi Schmidt UA 1971 (Stuttgart)

Wallensteins Lager und *Die Piccolomini* von Friedrich von Schiller, Regie: Walter Felsenstein UA 1972 (München)

Wallensteins Tod von Friedrich von Schiller, Regie: Walter Felsenstein UA 1972 (München)

Woyzeck von Georg Büchner, Regie: Bernd Fischerauer UA 1972 (München)

Urfaust von Johann Wolfgang von Goethe, Regie: Helmut Henrichs UA 1972 (München)

Gelähmte Schwingen, Waldfrieden, Erster Klasse von Ludwig Thoma, Regie: Kurt Wilhelm UA 1972 (München)

Der Zerrissene von Johann Nestroy, Regie: David Esrig UA 1972 (München)

Troilus und Cressida von William Shakespeare, Regie: David Esrig UA 1972 (München)

Die Abenteuer des braven Soldaten Schwejk von Jaruslav Hasek, Regie: Kurt Meisel UA 1972 (München)

Romeo und Julia von William Shakespeare, Regie: Otto Schenk UA 1973 (München)

Maß für Maß von William Shakespeare, Regie: Rudolf Heinrich UA 1973 (München)

Einen Jux will er sich machen von Johann Nestroy, Regie: Kurt Meisel UA 1973 (München)

Faust, der Tragödie erster Teil von Johann Wolfgang von Goethe, Regie: Michael Degen UA 1974 (München)

Don Carlos von Friedrich von Schiller, Regie: Hans Schweikart UA 1974 (München)

Donna Diana von Moreto y Cabana, Regie: Helge Thoma UA 1974 (Wiesbaden)

Mirandolina von Carlo Goldoni, Regie: Paul Esser UA 1974 (Berlin)

Die heilige Johanna von George Bernhard Shaw, Regie: Martin Fried UA 1975 (München)

Der Besuch der alten Dame von Friedrich Dürrenmatt, Regie: Ernst Schröder UA 1975 (München)

Liliom von Franz Molnár, Regie: Kurt Meisel UA 1975 (München)

Die Lokalbahn von Ludwig Thoma, Regie: Kurt Meisel UA 1976 (München) TV

Hamlet von William Shakespeare, Regie: Willi Schmidt UA 1976 (München)

Penthesilea von Heinrich von Kleist, Regie: Imo Moszkowicz UA 1977 (München)

Travesties von Tom Stoppard, Regie: Hans Lietzau UA 1977 (München)

Macbeth von William Shakespeare, Regie: Dietrich Haugk UA 1977 (München)

Ein Traumspiel von August Strindberg, Regie: Ingmar Bergman UA 1977 (München)

König Richard II. von William Shakespeare, Regie: Dietrich Haugk UA 1978 (München)

Der Bauer als Millionär von Ferdinand Raimund, Regie: Kurt Meisel UA 1978 (München)

Drei Schwestern von Anton Tschechow, Regie: Ingmar Bergman UA 1978 (München)

Der Revisor von Nikolai Gogol, Regie: Karl Paryla UA 1978 (München)

Ein Florentinerhut von Eugène Labiche, Regie: Helmut Baumann UA 1980 (München)

Der Hauptmann von Köpenick von Carl Zuckmayer, Regie: Horst Sachtleben UA 1980 (München)

Doña Rosita bleibt ledig von Federico Garcia Lorca, Regie: Imo Moszkowicz UA 1981 (Wien) TV

Amadeus von Peter Shaffer, Regie: Kurt Meisel UA 1981 (München)

Viel Lärm um nichts von William Shakespeare, Regie: Gerhard Klingenberg UA 1982 (Zürich)

Wie es euch gefällt von William Shakespeare, Regie: Gerhard Klingenberg UA 1983 (Hamburg)

Der G'wissenswurm von Ludwig Anzengruber, Regie: Michael Peter UA 1987 (München) TV

Der Prinz von Homburg von Heinrich von Kleist, Regie: Imo Moszkowicz UA 1989 (Feuchtwangen)

Von einem der auszog, das Fürchten zu lernen von Horst Pillau, Regie: Michael Z. Hoffmann UA 1990 (Feuchtwangen)

Das Leben ist ein Traum von Calderon de la Barca, Regie: Imo Moszkowicz UA 1990 (Feuchtwangen)

Rotkäppchen und der Zauberer Timpetu von Günter Rudorf, Regie: Michael Z. Hoffmann UA 1991 (Feuchtwangen)

Der eingebildete Kranke von Molière, Regie: Fritz Zecha UA 1991 (Feuchtwangen)

Maria Stuart von Friedrich von Schiller, Regie: Imo Moszkowicz UA 1991 (Feuchtwangen)

D. Musik für Film und Fernsehen

a) Kinofilme

Das Jahrhundert des Kindes
König Fußball
Die Stadt von morgen (1957)
Timpi Tox und Ali Bum (1959)
Berlin Sketchbook (1967)
Menschen in der Stadt (1972)

b) Fernsehfilme

Zuviele Tiere im Haus (1960)
Einer von fünf (1962)
Unser Vater, der Tierarzt, 6-teilige Serie (1963)
Und morgen vielleicht Du! (1963)
Sport – letzte Rettung (1963)
Bettys Strumpfgeld (1963)
Vor Hunden wird gewarnt (1963)
Die klugen Schweinchen (1963)
Paul, der Jugendfreund (1964)
Langohr (1964)
Wilde Spiele, 6-teilige Serie (1964)
Romeo und Julia auf dem Dorfe (1967)
Leierkastenballade (1970)
Delikatessen (1972)
Eierbrötchen (1972)
Der Fehltritt (1976)
Das Kunstwerk (1976)
Drei Mann auf einem Pferd (1978)
Israelische Puppenspiele: Die Schneekönigin, Der verhexte Zwerg, Carneval der Tiere (1978)
Karschunke & Sohn, 6-teilige Serie (1978)

Die Missvergnügten (1980)
Tatort: Das Lederherz (1981)
Ich lass mich scheiden, Liebling (1981)
Ein Winter auf Mallorca (1981)
Ein Fall von Zuneigung (1982)
Vivatgasse 7, 13-teilige Serie (1982)
Weltuntergang (1982)
Der kleine Riese (1982)
Kalkstein (1983)

Discografie[61]

a) CDs mit ausschliesslich Herbert Baumanns Werken:

Herbert Baumann: Alice im Wunderland. Ballett. (Bella musica / Thorofon, CTH2360)
Radio-Philharmonie des NDR Hannover, Leitung: Herbert Baumann.

Herbert Baumann: Rumpelstilzchen. Ballett. (Bella musica / Thorofon, CTH2405)
Radio-Philharmonie des NDR Hannover, Leitung: Herbert Baumann.

Rumpelstilzchen - Das Märchen. (Bella musica / Thorofon, CTH 2415)
Helmut König (Text), Elmar Gunsch (Sprecher),
Radio-Philharmonie Hannover des NDR, Leitung: Herbert Baumann;
Mit 15 Illustrationen von Hans-Joachim Burgert.

Baumann: Kammerkonzerte. (Vogt & Fritz SOUND, GAMI8024)
Aspekte (Andante / Allegro) für Klavier und Streichorchester, Oliver Triendl (Klavier) Württ. Kammerorchester Heilbronn, Leitung: Paulus Christmann;
Concertino (Toccatina / Passacaglia / Rondo) für Klarinette und Streicher, Wolfgang Meyer (Klarinette), Württ. Kammerorchester Heilbronn, Leitung: Paulus Christmann;
Ein Weihnachtskonzert (nach Weihnachtsliedern) für Orchester, Württ. Kammerorchester Heilbronn, Leitung: Paulus Christmann;
Kammerkonzert Nr. 1 für Flöte, Oboe und Streichorchester (Ziemlich lebhaft / Langsam / Schnelle Viertel), Dagmar Becker (Flöte), Washington Barella (Oboe), Württ. Kammerorchester Heilbronn, Leitung: Herbert Baumann;
Kammerkonzert Nr. 2 für Violine, Streichorchester und Cembalo · (Allegro /

[61] Vgl. Suder, S. 150 ff. Discografie zusammengestellt von Franzpeter Messmer. Erweitert und ergänzt von Daniela Weidenthaler.

Lento/Vivace), Katharina Schmitz (Violine), Württ. Kammerorchester Heilbronn, Leitung: Herbert Baumann;

Once I Lov'd A Maiden Fair (Thema und Variationen für Cello und Orchester), David Adorjan (Violoncello), Württ. Kammerorchester Heilbronn, Leitung: Paulus Christmann.

BAUMANN: KAMMERMUSIK MIT GITARRE. BALLADE. (Vogt & Fritz SOUND, GAMI8018)

Ballade (für Violoncello und Gitarre), Sebastian Hess (Violoncello), Eugène Hölzer (Gitarre); *Danse mélancolique* (für Gitarren-Duo), Duo Tedesco; *Duetto Concertante* (für Violine und Gitarre), Florian Meierott (Violine), Eugène Hölzer (Gitarre); *Ricordanza* (für Violine und Gitarre) Florian Meierott (Violine), Eugène Hölzer (Gitarre); *Rondino* (für Gitarren-Duo), Duo Tedesco; *Rotto è l'alta Colonna* (3 Petrarca Sonette) (für Gesang und Gitarren-Duo), Michael Gründel (Bariton), Duo Tedesco; *Tanzvariationen* (für Quartett), Quartetto Tedesco.

METAMORPHOSEN. KAMMERMUSIK VON HERBERT BAUMANN. (amphion, GAMI8034)

Con una Canzonetta d'Amore (2004) (für Violine und Klavier), Katharina Schmitz (Violine), Oliver Triendl (Klavier); *Metamorphosen* (1990) (für Trompete, Posaune und Klavier), Guido Segers (Trompete), Dany Bonvin (Posaune), Oliver Triendl, (Klavier); *Monodie* (für Saxophon solo), Eduard Brunner (Klarinette); *Musik mit Bach* (Sonate für Violoncello und Klavier), Wen-Sinn Yang (Violoncello), Oliver Triendl (Klavier); *Sonate für Flöte und Klavier* (1948); Michael Martin Kofler (Flöte), Oliver Triendl (Klavier); *Sonate für Oboe und Klavier* (1952), Marie Luise Moderson (Oboe), Oliver Triendl (Klavier).

HERBERT BAUMANN: KAMMERMUSIK FÜR BLÄSER. (Bella musica/Thorofon, CTH2196)

Con una marcetta (für 2 Oboen und Englischhorn) Helmut Wollenweber (Oboe), Gottfried Sirotek (Englischhorn), Hagen Wangenheim (Oboe); *Divertimento* (für Oboe, Klarinette und Fagott), Hagen Wangenheim (Oboe), Hans Schöneberger, (Klarinette), Josef Peters (Fagott); *Monodie* (für Saxophon solo), Guiseppe Solera (Saxophon); *One Percussion And Four Winds*, Gerd Quellmelz (Schlagzeug), Residenz-Quintett München; *Quintett* für Flöte, Oboe, Klarinette, Horn und Fagott, Residenz-Quintett München; *Rondo mit Mozart* (für Oboe, Klarinette, Horn und Fagott), Hagen Wangenheim (Oboe), Hans Schöneberger (Klarinette), Josef Peters, (Fagott), Olaf Klamand (Horn).

HERBERT BAUMANN: MUSIK FÜR ZUPFORCHESTER. (Bella musica/Thorofon, CTH2308)

Concerto capriccioso (für Mandoline und Zupforchester), Gertrud Tröster (Mandoline), Bayer. Landeszupforchester, Leitung: Gerhard Vogt;

Es war einmal eine Müllerin (Sonatine für 2 Gitarren), Michael Tröster (Gitarre), Oliver Strömsdörfer (Gitarre);

Saarländische Zupfmusik (1962), Bayer. Landeszupforchester, Leitung: Gerhard Vogt;

Sequenzen (1994) (für Zupforchester), Bayer. Landeszupforchester, Leitung: Herbert Baumann

Tafelmusik (für Blockflöte und Zupforchester), Andrea Breier (Blockflöte), Bayer. Landeszupforchester, Leitung: Gerhard Vogt;

Vögel, Früchte und Wind (Konzert für Gitarre und Zupforch.) Oliver Strömsdörfer (Gitarre), Bayer. Landeszupforchester, Leitung: Gerhard Vogt.

HERBERT BAUMANN: MUSIK FÜR STREICHER. (Bella musica/Thorofon, CTH2256)

Herbstmusik (1983) (für Violine, Viola und Violoncello), Werner Grobholz (Violine), Urs Stiehler (Viola), Heinrich Klug (Violoncello);

Streichquartett in C (1961), Mitglieder der Münchner Philharmoniker;

Strophen (1989) (für 2 Violoncelli), Thomas Ruge (Violoncello), Sissy Schmidhuber (Violoncello);

Variationen über ein Thema von Schubert (1978) (für 12 Violoncelli), Ensemble Cello x 12, Leitung: Polásek, Jan;

Verwandlungen eines Barockthemas (1993) (für 10 Violinen und Klavier) Ensemble Philharmonische Geigen Berlin, Leitung: Laurentius Dinca.

HERBERT BAUMANN: 3 KONZERTE. (Bella musica/Thorofon, CTH2309)

Konzert für Gitarre und Streicher, Michael Tröster (Gitarre), Capella Bydgostiensis, Leitung: Herbert Baumann;

Konzert für Mandoline und Streicher, Gertrud Tröster (Mandoline), Capella Bydgostiensis, Leitung: Herbert Baumann;

Konzert für Mandoline, Gitarre und Streicher, Gertrud Tröster (Mandoline), Michael Tröster (Gitarre), Capella Bydgostiensis, Leitung: Herbert Baumann.

ZUPFMUSIK VON HERBERT BAUMANN - INTERPRETIERT VON SIEGFRIED BEHREND. (AVISO avi 2003)

Saarländische Zupfmusik, Sonatine G-Dur nach hessischen Volksliedern, Sonatine Nr.1 in E, Der wohlfeile Gänsebraten für Sprecher und Zupforchester, *Die Moritat vom eigensinnigen Eheweibe* für gemischten Chor, Baß-Solo und Gitarre, Claudia Brodzinska-Behrend (Sprecherin), Siegfried Behrend (Gitarre), Studio-Chor, Leitung Fritjof Hansen, Das Deutsche Zupforchester, Leitung: Siegfried Behrend.

LUDWIG THOMA: HEILIGE NACHT. (Calig CAL 50520) Hans Baur (Sprecher), Gudrun Haag (Harfe).

DER UNZUFRIEDENE SCHNEEMANN. (Stemra- SA 0727) Für Sprecher und Zupforchester, Worte: Herbert Baumann

SOZUSAGEN GRUNDLOS VERGNÜGT. (Duo-Phon, 06 46 3/LC 12000) Lieder & Lyrik von Mascha Kaléko, Musik von Herbert Baumann. Eine Produktion von NDR 1. Alix Dudel (Sängerin/Sprecherin), Sebastian Albert (Gitarre).

Das blaue Kaninchen. Ein modernes Märchen für Sprecher und Zupforchester.
(Bezug über Mandolinenorchester Rudolstadt)
Michael Grübler (Sprecher), Jana Butters (1. Mandoline), Dr. Bärbel Eilenberg (2. Mandoline), Ulrich Franz (Mandola), Ursula Liebold (Gitarre), Daniel Mortsch (Gitarre), Leitung: Hannes Grübler.

b) CDs mit Werken von Herbert Baumann und anderen Komponisten:

Carnevale di Mandolino. Konzerte für Mandoline und Zupforchester. (Bella musica/Thorofon, CTH2146)
Auf dieser CD von Herbert Baumann: *Concerto capriccioso* (für Mandoline und Zupforchester), Gertrud Tröster-Weyhofen (Mandoline), Bayer. Landeszupforchester, Leitung: Gerhard Vogt.

Cimbalmusik (2). (Edition Podium, WOW-008-2)
Auf dieser CD von Herbert Baumann: *Dialog I* (1978) (für Flöte und Cimbal), Elisabeth Deinhard (Flöte), Katerina Zlatníková (Cimbal).

Michael Tröster und seine Schüler - Duettissimo. Meisterstücke für 2 Gitarren. (Bella musica/Thorofon, CTH2389)
Auf dieser CD von Herbert Baumann: *Es war einmal eine Müllerin* (Sonatine für 2 Gitarren), Michael Tröster (Gitarre) und Schüler (Gitarre).

Landschaften. (Vogt & Fritz SOUND, GAMI8042)
Auf dieser CD von Herbert Baumann: *Konzert* für Flöte, Gitarre und Streichorchester, Johanna Keupp-Kosbahn (Flöte), Barbara Hölzer (Gitarre), Südböhm. Kammerphilh. Budweis, Leitung: Ulrich Weder.

Premieren: Mandolinenkonzerte. (Vogt & Fritz SOUND, GAMI8011)
Auf dieser CD von Herbert Baumann: *Konzert für Mandoline und Streicher*, Nikolai Maretzki (Mandoline), Ensemble Classic-Avantgarde, Leitung: Vladimir Bajdov.

The Cumberland Quintet - Shadows and Dreams. (Centaur, CRC2335)
Auf dieser CD von Herbert Baumann: *Rondo mit Mozart* (für Oboe, Klarinette, Horn und Fagott), Cumberland Quintet.

Duo Capriccioso (2). (Bella musica/Thorofon, CTH2125)
Auf dieser CD von H. Baumann: *Sonata capricciosa* (für Mandoline und Gitarre), Gertrud Tröster-Weyhofen (Mandoline), Michael Tröster (Gitarre).

Klangspuren - Zeitgenössische Kammermusik mit Hackbrett. (Vogt & Fritz SOUND, GAMI 8016)
Auf dieser CD von Herbert Baumann: *Sonata serena* (für Hackbrett und Harfe) Alexander Mangstl (Harfe), Heidi Ilgenfritz (Hackbrett); *Triplum* Heidi Ilgenfritz (Hackbrett)

DEDICATIONS. MUSIK FÜR MANDOLINE UND GITARRE. (Bella musica / Thorofon, CTH2366)
Auf dieser CD von Herbert Baumann: *Tambourin* (Paraphrase ü. ein provencal. Volkslied - für Mandoline und Gitarre), Duo Capriccioso

TONDOKUMENTE ZEITGENÖSSISCHER KAMMERMUSIK (2). (Symicon Passau, CD 117)
Auf dieser CD von Herbert Baumann: *Tiergeschichten* (1958) (Kl. Kantate nach Busch für Singstimme(n), Flöte und Gitarre), Edith Urbanszyk (Sopran), Jochen Gärtner (Flöte), Barbara Polasek (Gitarre).

WESTFÄLISCHE SCHULE FÜR MUSIK. ENSEMBLEPREISE 1999. (Musicom Chr. Schulz Musikprod. Münster, CD010208)
Auf dieser CD von Herbert Baumann: *Variationen über ein Thema von Händel* (für Streichorchester), Jg. Streichorchester d. Westf. MS Münster, Leitung: Tor-Song Tan.

DIE GITARRE. (Koch Classics, 2313402)
Auf dieser CD von Herbert Baumann: *Würzburger Konzert* (für 2 Gitarren und Orchester), Gitarrenduo Tedesco, Staatsphilh. Krakau, Leitung: Roland Bader.

STATIONEN. 30 JAHRE BAYERISCHES LANDESJUGENDZUPFORCHESTER. (Vogt & Fritz SOUND, GAMI8012)
Auf dieser CD von Herbert Baumann: *Tafelmusik* für Blockflöte und Zupforchester, Pia Elsdörfer (Blockflöten), Leitung: Gerhard Vogt.

KONZERTANTE ZUPFMUSIK. (TZO 9704)
Auf dieser CD von Herbert Baumann: *Andalusische Serenade*, Teg'ler Zupforchester Berlin, Leitung: Michael Kubik.

KLANGWELTEN. (TZO 04 / 05)
Auf dieser CD von Herbert Baumann: *Repetitionen*, Teg'ler Zupforchester Berlin, Blockflötenorchester Neukölln, Gesamtleitung: Michael Kubik.

GRENZLAND ZUPFORCHESTER - BEGEGNUNGEN. (Bezug über Grenzland Zupforchester)
Auf dieser CD von Herbert Baumann: *Der unzufriedene Schneemann*, für Sprecher und Zupforchester, Angelika Poltz, Herbert Baumann (Sprecher).

MÜHLHEIMER ZUPFORCHESTER - FIAMME. (Bezug über Mühlheimer Zupforchester)
Auf dieser CD von Herbert Baumann: *Fiamme*. Concertino per Mandola ed orchestra da plettro, Detlef Tewes (Mandola), Mühlheimer Zupforchester, Leitung: Dominick Hackner.

DIE HIMMEL RÜHMEN (BELIEBTE CHÖRE). (Deutsche Grammophon 423 774-2)
Auf dieser CD von Herbert Baumann: Chorbearbeitungen folgender Wer-

ke: Schubert: *Ave Maria*, Bizet: *Agnus Dei*; Lisa Otto (Sopran), Donald Grobe (Tenor), Berliner Händel-Chor, Radio-Symphonie-Orchester Berlin, Leitung: Günther Arndt.

HALLELUJA, HALLELUJA (BERÜHMTE CHÖRE). (Deutsche Grammophon DG 447 682-2)
Auf dieser CD von Herbert Baumann: Chorbearbeitungen folgender Werke: Händel: *Dank sei dir, Herr*; Giordano: *Caro mio ben*; Schubert: *Ave Maria*; Bizet: *Agnus Dei*; Lisa Otto (Sopran), Donald Grobe (Tenor), Berliner Händel-Chor, Radio-Symphonie-Orchester Berlin, Leitung: Günther Arndt.

COCKTAIL. (Marcophon CD 913-2)
Auf dieser CD von Herbert Baumann: *Lamento und Gioco*; Branimir Slokar (Posaune), Wolfgang Wagenhäuser (Klavier).

DIVERTIMENTI AUS O. (Infozenter Zupfmusik, GMP 121615)
Auf dieser CD von Herbert Baumann: *Divertimento in D „In meines Vaters Garten"*.
Osnabrücker Zupforchester.

SONATINE EINS. (Bezug über Niedersächsiches Landeszupforchester)
Auf dieser CD von Herbert Baumann: *Sonatine Nr 1. in E*; *Divertimento in D „In meines Vaters Garten"*, Niedersächsiches Landeszupforchester NLZO, Leitung: Ulrich Beck.

(Kicco KC 00996 CD)
Auf dieser CD von Herbert Baumann: *Sonatina burlesca* für Flöte und Gitarre;
Salvatore Lombari (Flöte), Piero Viti (Gitarre).

(Koch 31 054-2 sowie 31 340-2)
Auf dieser CD von Herbert Baumann: *Würzburger Konzert* für 2 Gitarren und Orchester, Duo Tedesco (Barbara und Eugène Hölzer, Gitarre), Staatsphilharmonie Krakau, Leitung: Roland Bader.

(Another Stellar Product)
Auf dieser CD von Herbert Baumann: *Sonatine über finnische Volkslieder.*
Amy Collins (Oboe), Kevin Fuller (Fagott), Mark Switzer (Gitarre).

(String Music, SM 9506)
Auf dieser CD von Herbert Baumann: *Vom Müllersburschen, dem ein Bauer das Pferd nahm*; Gerhard Jung (Sprecher), Lörracher Zupforchester.

FLUTE À BEC ET GUITARE.
Auf dieser CD von Herbert Baumann: *Duetto concertante;*
Anne Lelev (Flauto dolce), Erik Marchelie (Gitarre).

VIEL LÄRM UM NICHTS. VON WILLIAM SHAKESPEARE.
Hörspielbearbeitung und Regio Willi Schmidt, Musik: Herbert Baumann
Eine Produktion des Südwestfunks und des Westdeutschen Rundfunks Köln.
Mit Charles Wirths, Max Eckard, Hans Mahnke, Max Mairich, Loni von

Friedl, Julia Costa, Hans Herrmann Schaufuß u.a. Ein Hörbuch (2 CDs) (www.der-audio-verlag.de)

c) Schallplatten

Epochen der Zupfmusik. (Unisono Pfeifer-Koch Bobenheim-Roxheim, 22843) Auf dieser LP von Herbert Baumann: *In meines Vaters Garten* (Divertimento in D), Jugend-Zupforch. Baden-Württ., Leitung: Günther Siegwarth (DG 136 366)

Dank sei dir, Herr; Caro mio ben; Ave Maria; Agnus dei, (Chorbearbeitungen), Lisa Otto (Sopran), Donald Grobe (Tenor), Berliner Händel-Chor, Radio-Symphonieorchester Berlin, Leitung: Günther Arndt.

(Calig 76.21 254)

Heilige Nacht von Ludwig Thoma, Musik von Herbert Baumann, Hans Baur (Sprecher), Gudrun Haag (Harfe).

(Acanta 40.22 888)

Konzert für Gitarre und Zupforchester, Michael Tröster (Gitarre), Das Deutsche Zupforchester, Leitung: Siegfried Behrend.

(Thorofon MTH 110)

Saarländische Zupfmusik, Das Deutsche Zupforchester, Leitung: Siegfried Behrend.

(Unisono UNS 22843)

Divertimento in D „In meines Vaters Garten“, Jugendzupforchester Baden-Württemberg, Leitung: Günther Siegwarth.

(CBS S 52687)

Sonatine in G. Zupforchester Falkenstein.

(Pallas ZD 0164)

Sonatine in G. Zupforchester Eberstadt, Leitung: Erich Kraft.

(Pallas H 883)

Volkstänze für Zupforchester, Mandolinen-Konzertgesellschaft Gelsenkirchen, Leitung: Gerold Gabert.

(TST 66.21614)

Ländliche Zupfmusik, Zupforchester Ötigheim / Baden, Leitung: Alfons Rieger.

(Aulos AUL 30 420)

Volkstänze für Zupforchester, St. Bernhard-Gymnasium Willich, Leitung: Ludwig Helten.

(St - 154039)

Tafelmusik, Mandolinengesellschaft Herne, Leitung: Fred Witt.

(Don Quixote Records, DQL 857)

Zwei alte Tanzstücke, Brasschaats Mandoline-Orkest, Leitung: Marcel de Cauwer.

(Deutsche Grammophon 139377)
Fantasie über Es geht ein dunkle Wolk' herein Siegfried Behrend.

(Loba J.B.5980)
Duetto Concertanto für Flöte und Gitarre, Jean Bernard Barnabe (Flöte), Eduardo Lomonte (Gitarre).

(Columbia/EMI 80 798)
Kommet ihr Hirten, Quem pastores laudavere (Bearbeitung), RIAS-Kammerchor, Leitung: Günter Arndt.

(M 16175)
Divertimento in D „In meines Vaters Garten", Mandolinenorchester Hennef-Kurscheid 1924, Leitung: Albert Seibert.

(Bruma 02)
Der wohlfeile Gänsebraten, Toni Gas (Sprecher), Musikkreis Wettbergen.

(Radio Tele 1, Augsburg)
Der Kuckuck und der Esel, Bläsergruppe Donauwörth.

d) Musicassetten

(BDBV 131131 Cass. 4 A 2)
Traunsteiner Bläsermusik, Jugendblasorchester Unterpleichfeld, Leitung: Ernst Oestreicher.

(GJB 84004)
Momenti Musicali, Gerd Jahn Blum (Gitarre).

(Radio + Tele 1)
Rumpelstilzchen, Ballett von Herbert Baumann, Peter Hanzel (Sprecher), Schwäbisches Jugend-Sinfonieorchester, Leitung: Richard Maier.

(steyl-medien 1981)
Toccata concertante, Bayerisches Landesjugendorchester, Leitung: Werner Andreas Albert.

(MRK 639 (1992))
In meines Vaters Garten, Basler Zupforchester, Leitung: Philippe Meunier.

(MRK 641 (1992))
Tafelmusik, Marlene Maier (Flöte), Mandolinen- und Gitarrenorchester Zürich, Leitung: Konrad Vollmer.

Kurzbiografie

31. Juli 1925	Herbert Baumann wird in Berlin geboren
bis 1943	Besuch des Schillergymnasiums Berlin-Lichterfelde
1933	Machtergreifung der Nationalsozialisten
1. September 1939	Beginn des 2. Weltkrieges
1943	Einberufung Herbert Baumanns in die Wehrmacht
1943–1945	Kriegsdienst, zweimalige Verwundung
1945	Rückkehr nach Berlin
1945/46	Studium an der Technischen Universität Berlin (Architektur) Studium am Internationalen Musikinstitut Berlin (Komposition bei Paul Höffer, Dirigieren bei Sergiu Celibidache)
1. August 1947	Erste Anstellung als Direktor der Bühnenmusik am Deutschen Theater Berlin
1947–1953	Privater Kompositionsunterricht bei Boris Blacher
22. März 1951:	Herbert Baumann heiratet Marianne Brose
2. November 1951	Sohn Michael Baumann wird geboren
29. Januar 1953	Sohn Hans-Peter Baumann wird geboren
17. Juni 1953	Arbeiteraufstand des 17. Juni in der DDR
1953–1970	Anstellung in Westberlin: Musikalischer Leiter an den Staatlichen Bühnen Berlin (Schiller- und Schlossparktheater)
13. August 1961	Errichtung der Berliner Mauer
1970–1979	Anstellung in München: Leiter des Musikwesens am Bayerischen Staatsschauspiel (Residenztheater, Cuvilliés-Theater und Marstall).
1976–1981	Zweiter Vorsitzender des Münchener Tonkünstlerverbands
1978–1983	Leitung des »Studio für Neue Musik« zusammen mit den Komponisten Meinrad Schmitt und Carlos Veerhoff
ab 1979	Freischaffender Künstler
1979	Auszeichnung Silbernes Ehrenzeichen der Genossenschaft Deutscher Bühnen-Angehöriger (GDBA)
1984/1986	Uraufführungen von Baumanns Ballett-Musiken Alice im Wunderland (1984) und Rumpelstilzchen (1986)
1990	Ehrenmitgliedschaft Bund Deutscher Zupfmusiker
1998	Gründung der Herbert-Baumann-Stiftung
1998	Ehrenurkunde 50-jährige Mitgliedschaft bei der GEMA
1998	Bundesverdienstkreuz
2010	»Festival München 2010: Herbert Baumann … und Freunde« in München anlässlich Baumanns 85. Geburtstags

Aktuelles ist zu entnehmen der Homepage
http://komponisten.net/baumann/aktuell.htm

Bildnachweis

Bayerische Staatsbibliothek S. 48, 49, 63, 64, 65, 72, 77, 88, 89

Bundesarchiv S. 16, 25, 27, 58

Peter Burkhard

Privatbesitz Herbert und Marianne Baumann: S. 13, 14, 15, 19 (2), 22, 26, 29 (2), 31, 35, 36, 37, 38, 40, 42, 44, 45, 47, 50, 51, 52, 55, 56, 67, 69, 73, 82, 84, 91, 94, 95, 96–104, 108, 109

Daniela Weidenthaler S. 70, 71, 78

Aus: Komponisten in Bayern, Band 32: Herbert Baumann. Herausgegeben von Alexander L. Suder, Tutzing 1995: S. 60